Rudolf Genée

Weibliche Charakterbilder aus deutschen dramatischen Dichtungen

Rudolf Genée

Weibliche Charakterbilder aus deutschen dramatischen Dichtungen

ISBN/EAN: 9783743459335

Hergestellt in Europa, USA, Kanada, Australien, Japan

Cover: Foto ©ninafisch / pixelio.de

Manufactured and distributed by brebook publishing software (www.brebook.com)

Rudolf Genée

Weibliche Charakterbilder aus deutschen dramatischen Dichtungen

Frauenkranz.

Weibliche Charakterbilder

aus

deutschen dramatischen Dichtungen.

Von

Rudolph Genée.

Berlin, 1862.

Verlag von Rudolph Gaertner.

Amelang'sche Sortiments-Buchhandlung.

Einleitung.

Wer die große und schwere Aufgabe des Menschen, sich selbst zu erkennen, soweit es überhaupt dem Menschen gestattet ist, zu lösen vermag, dem wird auch die Kunst der Menschenkenntniß im Allgemeinen, möge sie mehr durch natürliche Geistesgaben oder durch angestrengte Beobachtung erlangt sein, das sicherste Mittel werden, die „Kunst zu leben" im bessern Sinne sich zu eigen zu machen. Unkenntniß ist auf diesem Gebiete, wie irgendwo, das schlimmste Vergehen, und das Goethe'sche Wort, daß nur der die Menschen flieht, der sie nicht kennt, ist eine große, bedeutungsvolle Wahrheit.

Da der Mensch die in der Außenwelt befindlichen Charaktere alle in sich selber finden kann, so wird es vielleicht dem Manne leichter sein, den Mann zu beurtheilen, wie auch dem Weibe die Kenntniß des weiblichen Geschlechts natürlicher ist. Wie aber die Menschenkenntniß im Allgemeinen, so sollte auch einschließlich die Kenntniß des Weibes von Allen erstrebt werden. Eine genaue Ge-

schichte des Weibes würde beweisen, in welcher innigen
Beziehung dasselbe zur ganzen Culturgeschichte der Menschheit steht, wie wesentlich sein Einfluß auf Kunst und
Wissenschaft, wie auf die gesellschaftlichen und politischen
Verhältnisse ist. Wir würden bei einiger Prüfung diesen Einfluß des Weibes und seine hohe Bedeutung aus
der Geschichte des Alterthums wie aus der Romantik des
Mittelalters erkennen, und es brauchte nicht erst lange
bewiesen zu werden, wie die Entsittlichung des Weibes
im achtzehnten Jahrhundert ein bedeutender Hebel für
den letzten gewaltigen Zeitabschnitt in der Weltgeschichte,
für die große französische Revolution wurde.

In den nachfolgenden Charakterbildern lehne ich mich
allerdings nur an poetische Schöpfungen an, aber eben
an solche Schöpfungen, in denen wir die hohe Aufgabe
der Poesie gelöst finden: die nackte Wahrheit des Lebens
zu abstrahiren und in schönen Farben und deutlichen Zügen dem Menschen wiederzuspiegeln.

Ich deutete an, daß der Mensch alle in seiner Außenwelt befindlichen Charaktere in sich selber finden könne.
Das heißt: In jedem Menschen schlummern alle Formen
der Menschheit, in jedem Charakter wohnen zugleich alle
Charaktere in ihren ursprünglichen Stoffen. Die eine
oder die andere Form wird nur zur stärkern Entwickelung
und dadurch zum vorherrschenden individuellen Ausdruck
gekommen sein, aber die Stoffe selbst sind alle in uns
vorhanden. Daraus läßt sich schließen, daß kein Mensch

ohne irgend eine gute Regung und ebenso kein Mensch ganz ohne Neigung zum Bösen existire.

Aber noch etwas Anderes folgt daraus und löst damit eine wichtige Frage: daß wir nämlich dadurch im Stande sind, fremde Charaktere zu beurtheilen.

Wie wäre dies anders möglich, wenn wir nicht für jeden fremden Charakter, den wir erkennen, beurtheilen, auch den Maßstab in uns selbst, in unserm eigenen Gefühlsleben fänden?

Woher käme es sonst, daß uns dieser oder jener dramatische oder poetische Charakter, falls er richtig geschildert ist, so lebhaft im Innersten berührt? Weil wir dadurch eben nur die in uns selbst ruhenden Elemente berührt fühlen, und je entschiedener dies der Fall ist, je wahrer also der Dichter geschildert hat, um so stärker wird unsre eigne Empfindung dadurch wach gerufen. Der Dichter aber ist es, bei welchem alle diese Formen, oder diese Urstoffe zu den verschiedenen Formen, in hellerer Beleuchtung vorhanden sind. In uns Allen ruhen diese Formen, die wir an Andern wahrnehmen, je nach dem lebhafteren Kampfe derselben gegeneinander wird sie ein Jeder mehr oder weniger lebhaft empfinden. Der Dichter aber ist berufen, die lebhafteren Empfindungen zu objectiviren, danach die außer ihm befindlichen Charaktere lebhaft und faßlich darzustellen und mit künstlerischem Sinne zu gestalten.

In dem „Frauenkranz", d. h. in dem hier vorgeführten

1*

Cyklus weiblicher Charakterbilder deutscher dramatischer Dichter, sollen nicht allein die hervorragendsten Schöpfungen der Letzteren ihre Vertretung finden und in ihren ausgeprägten Eigenthümlichkeiten geschildert werden, sondern sie sollen auch in der ganzen Gruppe, alle sich gegenseitig ergänzend, das Wesen des Weibes überhaupt und seine ethische Bedeutung veranschaulichen. Wenn also das poetische Bild einer jeden Frauengestalt schon durch den Dichter uns gegeben war, wenn auch verwebt in einem größern Ganzen, so kam es in gegenwärtigem Werke vorzugsweise darauf an, bei der Vorführung jeder dieser Gestalten das allgemein Menschliche zu berücksichtigen und wiederum die Wahl so zu treffen, daß aus den Individuen ein fertiger Kreis geschlossen werde, der die Psychologie des Weibes zum Mittelpunkte hat. Dies Ziel meiner Darstellungen bedingte auch zugleich die Form derselben. Es konnte hier unmöglich angemessen erscheinen, mit literar-historischen Erläuterungen die poetischen Gebilde vollzupacken und ihr Leben gleichsam darunter zu ersticken. Es wird in dieser Hinsicht viel häufiger zu viel als zu wenig gethan, und ich habe mich daher befleißigt, mich auf solche Angaben zu beschränken, welche dem weitern Zwecke förderlich erschienen.

War nun auch meine Aufgabe bei der Darstellungsweise hauptsächlich, die betreffende Frauengestalt von jenen Theilen des Dramas, durch die sie nicht mittelbar oder unmittelbar bedingt wird, loszulösen und als vereinzeltes

Portrait zu rahmen, so mußte doch überall die ganze Handlung im Auge behalten werden, und zwar in der Weise, als ob beim Leser keine Kenntniß des Dramas vorausgesetzt werden dürfe. Nur dadurch konnte es erreicht werden, fertige und in sich abgeschlossene Bilder zu geben.

Aber auch von jener „Philosophie der Kunst" habe ich gern abgesehen, welche — wie ein neuer englischer Kritiker treffend bemerkt — es sich zur Aufgabe macht, die Kunst in Philosophie zu übersetzen. Der ethische Zweck dieser Darstellungen, welche hauptsächlich auf das Psychologische Rücksicht zu nehmen haben, macht es um so leichter, auf jene Art der Behandlung Verzicht zu leisten. Einen darauf hin gerichteten Vorwurf würde ich gern hinnehmen, wenn es mir nur dafür gelungen ist, was ich erstrebte: zu erklären und nicht zu verdunkeln.

Das Geheimniß des Dichters und seiner magischen Wirkung ist es: Vieles zu verschweigen. Er soll es verstehn, die Fantasie des Lesers oder Hörers mächtig anzuregen, dann aber diese Fantasie selbstthätig weiterschaffen lassen. Der Commentator nun macht sich ein grausames Vergnügen daraus, Blatt für Blatt von der Blume abzupflücken, um ihr tief Verborgenstes zu offenbaren. Wie viel darin — bei dem gewiß höchst Verdienstlichen sehr vieler Commentare — schon gesündigt wurde, ist bekannt.

Ich will mich sehr bemühen, daß ich nicht zu jenen

Sündern gezählt werde. Ein abgeschlossenes anschauliches
Bild des betreffenden Charakters in seinen Hauptmotiven,
nebenbei eine möglichst einfache Darlegung solcher Einzelnheiten, welche leicht mißdeutet werden können, dies
allein ist das nächste Ziel dieser Analysen. Daneben aber
soll, wie ich schon bemerkte, aus den einzelnen Gestalten
sich ein Gemälde des Weibes überhaupt, in seiner ethischen Bedeutung und in seinen wichtigsten Beziehungen
zum bürgerlichen Leben entwickeln.

Nach der Vorführung der Individuen werden wir mit
Rückblicken leicht eine solche übersichtliche Anschauung gewinnen.

Die große Schwierigkeit der Aufgabe möge es entschuldigen, wenn ich in diesen Zwischenbemerkungen den
für das Ganze und Einzelne nöthigen Gesichtspunkt festzustellen suchte. Mögen endlich noch einige Worte über
die Wahl der hier vorgeführten Gestalten folgen.

Daß der Kranz aus den Blüthen ausschließlich deutscher dramatischer Dichter geflochten ist, wird kaum einer
Erklärung bedürfen. Den Alles vermögenden britischen
Zauberer ausgenommen, liegt es in der Sinnesart des
Deutschen mehr als irgend einer andern Nation, grade
in die Gemüthstiefen des Weibes zu blicken. Deshalb
sollte nun auch der deutsche Dichter ganz allein in
diesem Cyklus seine Vertretung finden, weil es ganz natürlich ist, daß seine Frauengestalten unserer ganzen Ge-
fühls- und Denkweise am nächsten liegen. Kein Dichter

aber befaß für das Herz des Weibes einen so tiefen Blick, und Keiner vermochte es so vollendet zu schildern, wie Goethe, der denn auch in diesem Buche am reichsten vertreten ist. Möge man sein Clärchen, seine Leonore, seine Marie und endlich Gretchen betrachten, bei aller scharfen und bestimmten Individualisirung sind doch wiederum Alle durch den gemeinsamen Zug treu und wahr geschilderter echter Weiblichkeit verbunden.

Den Anfang macht Lessing mit seiner Emilia Galotti, durch die etwas kühle Logik sowie durch die straffe Kürze der Charakterist vielleicht die schwierigste der Gestalten, und deshalb oft genug verkehrt beurtheilt.

Ich habe mich daher bei diesem Charakter um so mehr bemüht, durchaus selbstständig in der Analyse zu verfahren. Vielleicht wird auch bei Vorführung der andern Charaktere dem Leser mein Bestreben nicht entgehn, durch keine traditionellen Auffassungen mich leiten oder bestimmen zu lassen.

Schiller hat es nicht wie Goethe vermocht, seine Subjectivität künstlerisch zu objectiviren; am schwächsten ist die Charakteristik seiner Frauengestalten. Was aber von ihm hier aufgenommen ist, erschien mir in mehrfacher Hinsicht bedeutungsvoll genug, um damit die Galerie der Charaktere sehr wesentlich zu vervollständigen.

Den genannten drei Heroen ist ein Dichter an die Seite gestellt, der Jenen zwar nicht an künstlerischer Ruhe und in Beherrschung der Form, wohl aber an echt dra-

matischer Gestaltungskraft ebenbürtig ist: Heinrich Kleist.
Der gewaltige Realismus seiner hier eingereihten imponirenden Frauengestalt ragt an Shakespeare hinan, mag
auch solche Art der Behandlung den herkömmlichen verschwommenen Vorstellungen von der germanischen Heldin
nicht entsprechen. Grade aber, weil hier nicht eine dekla-
matorische Heldin, sondern ein Weib geschildert ist, mußte
mir diese Gestalt um so willkommner sein.

Emilia Galotti.

Emilia Galotti.

Den Urstoff zur Tragödie „Emilia Galotti" erhielt Lessing bekanntlich in der Geschichte der römischen Virginia, die von ihrem Vater, dem Plebejer Virginius, erstochen wurde, damit sie nicht in die Hände des übermüthigen Decemvirn Appius Claudius falle. Es ist für die Beurtheilung der Tragödie wie des die Idee derselben tragenden Charakters der Emilia von Wichtigkeit, diesen ursprünglichen Boden wohl zu beachten.

Es handelt sich bei diesem Vergleiche nicht um einen bloßen Zufall der gleichartigen Handlung, sondern es ist thatsächlich, daß Lessing ursprünglich sogar die Absicht hatte, die eigentliche Geschichte der Virginia zu dramatisiren und er spricht sich noch bei Gelegenheit der Emilia Galotti darüber aus, daß sie eine „bürgerliche Virginia" sein solle, daß er die alte römische Geschichte in moderner Einkleidung bearbeiten wollte.

Wie die Idee sich aber in seinem Geiste weiter ausarbeitete, hatte er guten Grund, davon abzustehn. Denn in dem römischen Drama wäre die Handlung nicht von

dem politischen Boden zu trennen gewesen und Virginius, der Vater, hätte der Held der Tragödie werden
müssen. — Lessing aber wollte nicht ihn und nicht Odoardo
zum Helden machen, sondern das Weib Emilia, welches
den Tod der Schande vorzieht. So wurde die tragische
Geschichte der Virginia vom römischen Boden in den Be-
zirk eines kleinen italienischen Fürstenthums, in den Anfang des achtzehnten Jahrhunderts, versetzt; aus dem starren Römer Virginius wurde der mit gleicher rauher Rö-
mertugend ausgestattete alte Odoardo Galotti, aus Virginia Emilia und aus Appius Claudius der von Lessings
Geist außerordentlich verfeinerte Prinz Hettore Gonzaga.
Schufte, wie diesen Marinelli, hat es zu allen Zeiten gegeben, und auch Appius Claudius wird keinen Mangel
an solchen Subjecten gehabt haben *).

Mit dieser völligen Umwandlung des Stoffes mußte
Lessing zugleich auch den politischen Hintergrund der römischen Tragödie fallen lassen, indem er die ganze ungeheure Wucht des Dramas auf das rein Menschliche
hinleitete. Deshalb mußte auch der Character des Prinzen in so äußerst feiner Weise modificirt werden, weil es
hier Lessing nicht darauf ankam, einen brutalen Akt der
Tyrannei zu schildern, sondern weil der ganze Zweck seiner

---

*) Die römische Virginia ist vor und nach Lessing vielfäl-
tig auf dem französischen Theater in dramatischer Form behandelt worden.

Tragödie der sein sollte, ein reines Weib zu schildern,
dem ihre Tugend mehr gilt als ihr Leben. Trotz
dieser hohen ethischen Bedeutung der Emilia Galotti ist
von Vielen eine verhängnißvolle Frage aufgeworfen worden, welche bei Manchem diese höchste Sittlichkeit erschüttern könnte. Es ist die Frage, ob Emilia den Prinzen
liebe, und ob es gerade die Furcht vor dieser Liebe ist,
wegen welcher sie sich den Tod gibt *).

Ob und in welcher Weise diese vermeintliche Liebe
Emilia's zum Prinzen angedeutet oder gar ausgesprochen sei, werden wir in der Folge sehn. Das Eine
sei hier nur beiläufig erwähnt, daß die Liebe Emilia's
zum Prinzen als Ursache ihres freiwilligen Todes ihrer
sittlichen Größe nicht im mindesten schaden würde. Im
Gegentheil: Ihr freiwilliger Untergang würde weniger
heroisch sein, wenn sie den Prinzen verabscheute, als
wenn sie ihn liebte, und dennoch, trotz ihrer Liebe zu

---

*) Sehr eigenthümlich hat sich sogar Goethe über diesen Punkt
geäußert, wie wir aus Riemers Mittheilungen erfahren. Er
nannte es das proton pseudos in diesem Stücke, daß es nirgends ausgesprochen sei, sondern nur subintelligirt werde, daß
Emilia den Prinzen liebe.

Die Liebe sei zwar angedeutet, zuletzt sogar ausgesprochen,
aber ungeschickt, in der Furcht vor des Kanzlers Hause. Denn,
so sagt Goethe, entweder ist sie eine Gans, sich zu fürchten,
oder ein „Luderchen". —

ihm sich den Tod gäbe, um des Begriffs der Tugend Willen.

Betrachten wir Emilia von ihrem ersten Erscheinen an.

Am Tage, da ihre Verbindung mit dem Grafen Appiani stattfinden soll, ist sie Morgens in der Messe. Angstvoll, verwirrt, in furchtbarer Erregung sehn wir sie von dort zurückkehren, in das Zimmer stürzen, ihrer Mutter in die Arme. „Was hab' ich hören müssen!" ruft sie auf deren ängstliche Fragen — „und wo hab' ich es hören müssen! —" Sie ist außer sich, daß sie keine Andacht an heiliger Stätte finden konnte, und grade an dem Tage, da sie deren so sehr bedurfte. Die Mutter tröstet sie mit den Worten: Dem Himmel ist beten wollen auch beten. — Emilia erwiedert in ihrer fortdauernden Angst und Erregung: Und sündigen wollen, auch sündigen!

Diese Worte der Emilia sind wichtig, aber nicht deshalb, weil sie uns etwa darauf schließen lassen könnten, daß Emilia wirklich mit sündigen Gedanken dem Prinzen gegenüberstand — keineswegs! sie sind uns nur psychologisch wichtig, weil sie uns grade einen tiefen Blick in das reine Wesen, in den keuschen Sinn der Emilia gewähren, die in ihrer Bestürzung schon sich selbst für sündhaft hält, weil ein Frevler es wagte, an heiliger Stätte sie mit Worten der sinnlichen Liebe anzureden.

Sie selbst widerruft auch sogleich diese voreilige Selbstanklage: „Nein", ruft sie, „so tief ließ mich die Gnade   .

nicht ſinken. Aber" — fügt ſie hinzu — „daß fremdes Laſter uns, wider unſern Willen, zu Mitſchuldigen ma= chen kann!"

Sie erzählt nun den Hergang der ſie ſo in Schrecken ſetzenden Begebenheit.

Sie hatte ſich, ſo erzählt ſie, eben in einiger Ent= fernung vom Altare auf ihre Knie niedergelaſſen, als ſie bemerkte, daß dicht hinter ihr etwas ſeinen Platz nahm. Nicht lange währte es, ſo hörte ſie einen tiefen Seufzer, und darauf ihren Namen nennen. O, ruft ſie, daß laute Donner mich verhindert hätten, mehr zu hören! „Es ſprach von Schönheit, von Liebe. — Es klagte, daß die= ſer Tag, welcher mein Glück machen ſolle, ſein Unglück auf immer entſcheide." — Sie mußte dies Alles hören, — ſie bat ihren guten Engel, ſie mit Taubheit zu ſchlagen, damit ihr Ohr an dieſer heiligen Stätte nicht ſo furcht= bar entweiht werde. Endlich war es Zeit, als das hei= lige Amt zu Ende ging, ſich wieder zu erheben. „Ich zitterte", ſagte ſie, „mich umzublicken, und da ich mich umwandte, da ich ihn erblickte". —

Wen, meine Tochter? fragt Claudia. „Rathen Sie", ruft Emilia, immer noch außer ſich, „ich glaubte in die Erde zu ſinken, — ihn ſelbſt".

Erſt auf nochmaliges Befragen der Mutter ſpricht ſie es aus, wen ſie mit dieſem „ihn ſelbſt" bezeichnen will, — den Prinzen.

Auch hier muß uns etwas in ihrer Rede befremdlich

erscheinen. Daß sie nicht gleich sagt: den Prinzen, son=
dern nur „ihn selbst". Man könnte auch diese unge=
mein feine psychologische Wendung dahin deuten: ihre
Seele sei schon so ganz von dem Bild des Prinzen er=
füllt, daß sie in ihrer Erregung über die Person, über
„ihn selbst" den Namen ganz zu nennen vergißt.

Das Wahre streift allerdings nahe an diese Auffas=
sung, und doch wie schön, wie rein ist diese Gemüthser=
schütterung!

„Ihn selbst!" — was liegt Alles in diesen zwei
Worten! Daß Emilia im Innern schon vorher mit der
Person des Prinzen lebhaft beschäftigt gewesen ist, deuten
uns diese beiden Worte hinlänglich an, und die Erklä=
rung dafür finden wir in einer Stelle aus dem vorher=
gehenden Gespräch zwischen dem alten Galotti und seiner
Gattin, der Mutter Emilia's. Letztere erzählt dort bei=
läufig, daß der Prinz in der letzten Veggbia beim Kanz=
ler Grimaldi Emilia gesehen habe, sich äußerst gnädig
gegen sie bezeigte, sich mit ihr unterhielt und von ihr be=
zaubert schien, — was schon hinreicht, den alten Galotti
in Wuth zu versetzen, indem er bei seiner Abneigung ge=
gen den Prinzen sich alle Consequenzen dieser Begegnung
in seiner Lebhaftigkeit vorstellt.

So wie später in der tragischen Katastrophe, so fin=
den wir auch schon hier in der geängsteten Tugend eine
offenbare Gleichartigkeit zwischen Vater und Tochter.

Um Emilia richtig zu beurtheilen, ist es auch von

Wichtigkeit, daß man sich eine richtige Vorstellung von der Person des Prinzen mache.

Dieser ist vor Allem ein feiner Cavalier, und zwar nicht von dem gewöhnlichen Schlage faber leerer Hofmenschen. Bei einem warmen Temperament ist er ebenso lebhaft empfänglich für die schönen Künste, wie für die Schönheit des Weibes. Ohne Bösartigkeit seines Willens sind doch in diesem Punkte seine Grundsätze die des verderbten Lebemannes — man könnte hinzufügen: aus dem Zeitalter Ludwigs XIV., wenn nicht hie und da in gewissen Kreisen diese Grundsätze im 19. Jahrhundert dieselben geblieben wären.

Der Prinz ist, wie wir ihn kennen lernen, ein fein empfindender und liebenswürdiger Mensch; und wenn er auch für Emilia's reine Seele nicht im entferntesten dem Ideal des Mannes gleicht, das sie in ihrem Appiani hochverehrt, so besitzt er bei seinen natürlichen Talenten und bei den Umgangsformen seines hohen Standes doch auch jedenfalls die Kunst, durch Blicke und durch den dafür besonders gewählten Ton seiner Worte einen gewissen Eindruck auch auf das reinste weibliche Gemüth zu machen.

Bei Emilia's kindlich frommer Natur beschränkt sich dieser Eindruck vorläufig noch darauf, daß sie von Angst und Schrecken ergriffen ist, vielleicht zum ersten Male durch einen Mann in die höchste leidenschaftliche Erregung versetzt wird, und nicht etwa durch einen Straßen-

räuber, sondern durch einen feinen und manierlichen prinz-
lichen Verführer. —

Und wie sollte sie das nicht erschüttern? Am Tage
ihrer bevorstehenden Verbindung mit einem so liebens-
würdigen Manne wie Appiani — am Morgen dieses Ta-
ges, und in der Kirche sich von Liebes-Erklärungen be-
stürmt zu fühlen, und durch den Prinzen!

Nach seiner dreisten Anrede in der Messe konnte Emilia in dem sie betäubenden Schrecken nichts thun, als
fliehen. Auf der Flucht fühlte sie sich in der Halle
von ihm bei der Hand ergriffen, er befragte sie um Meh-
reres und sie antwortete ihm, — was er fragte und was
sie antwortete, sie weiß es nicht mehr, sie verlor die Sinne,
und erst auf der Straße findet sie sich wieder; noch während, daß er sie weiter verfolge, stürzt sie ihrem Hause
zu und erst in den Armen ihrer Mutter weiß sie sich
sicher. Ihre furchtbare Aufregung nach solchem Auftritte
ist durchaus natürlich, auch ohne daß man auf eine besondere auf die Persönlichkeit des Prinzen sich beziehende
Leidenschaftlichkeit zu schließen genöthigt wäre. Ja, es
wäre unnatürlich, hätte sie dabei sich ihre Fassung erhalten können; man denke sich ein Mädchen wie Emilia, in
den strengsten Grundsätzen der Tugend, und in den noch
strengern der Religion überhaupt auferzogen, wie hätte
sie an solchem Orte, einem so verwegenen Angriffe gegenüber, bei ruhiger Ueberlegung bleiben können!

Der Prinz freilich ist Lebemann genug, um zu wissen,

daß mit einem fehlgeschlagenen Versuche seine Sache noch keine verlorne ist. Dennoch hätte er in diesem Falle alle weitere Hoffnung aufgeben müssen, wenn nicht sein Kammerherr Marinelli, theils um sich durch seine Dienste seinen Herrn zu verpflichten, mehr aber noch aus dem Motive feiger persönlicher Rache am Grafen Appiani, so schnelle und nichtswürdige Maßregeln getroffen hätte, wie sie niemals in des Prinzen Absicht liegen konnten.

Vorläufig also sehn wir Emilia durch den Prinzen nur in Angst und Schrecken versetzt; daß der Eindruck dieses Ueberfalls kein anderer war, als eben dieser, erkennt man wohl am sichersten aus der herrlichen Unbefangenheit, mit der sie gleich darauf ihrem Bräutigam, dem Grafen Appiani, gegenübersteht.

Der ahnungsvollen Melancholie dieses Mannes gegenüber verhält sich Emilia wie eine heiter und sorglos seine ernste Stirn umfächelnde Frühlingsblume, rein, ahnungslos und ungetrübt, voll kindlicher, rührender Zärtlichkeit und liebenswürdiger Laune. Sie erzählt ihm, wie sie sich als Braut kleiden werde, sie fragt ihn, ob er sich wohl erinnere, was sie trug, wie sie aussah, als sie ihm zuerst gefiel; sie will ein Kleid von gleicher Farbe, von gleichem Schnitte tragen wie damals, das Haar in Locken, wie sie die Natur schlug, so will sie jetzt am Tage ihrer Verbindung wieder vor ihm stehn.

Der Fortgang der Tragödie ist schnell und einfach. Marinelli hat nach einem vergeblichen — vielleicht auch

nur scheinbaren — Versuche, den Grafen Appiani zum
Aufschub der Verbindung zu bestimmen, Banditen gedun-
gen, die den Wagen, welcher Emilia und den Grafen
Appiani nach des Letzteren Gute bringen soll, überfallen
und den Grafen tödten. Das geschieht mit Berechnung
in der Nähe des Lustschlosses des Prinzen, und Marinelli
läßt durch seine eigenen Leute die unglückliche Emilia,
gleichsam wie zum Schutze, nach des Prinzen Lustschloß
führen.

Hier finden wir sie wieder.

Noch hat sie keine Ahnung von dem dunkeln schrecklichen Gewebe, das sie umgibt. Arglos tritt sie in das
Haus, wie in eine Zufluchtsstätte. Sie fragt nur nach
ihrer Mutter, nach dem Grafen, hofft, daß Beide ihr folgen werden. Selbst, da Marinelli ihr entgegentritt, als
sie sich wieder entfernen will, vermuthet sie noch nichts
Schlimmes. Sie weiß nur, daß ihr Wagen von Stra-
ßenräubern angefallen und daß sie von den Bewohnern
dieses Hauses beschützt sei. Jetzt wähnt sie sich in Marinelli's Behausung und bittet diesen um Verzeihung wegen ihrer unfreiwilligen Anwesenheit. Marinelli beruhigt
sie wegen ihrer Besorgnisse und versichert, daß der Prinz
selbst schon um ihre Mutter beschäftigt sei.

Diese Entdeckung, daß sie beim Prinzen sei, macht
sie äußerst bestürzt, aber doch noch hält sie dies nur für
einen schlimmen Zufall.

Erst des Prinzen Erscheinen, und daß er ohne ihre

Mutter kommt, steigert ihre Angst. Flehend sinkt sie ihm
zu Füßen — was fordert sie — sie weiß es nicht klar,
aber sie fühlt plötzlich die ganze Größe ihres Unglücks.
Der galanten und gewandten Ueberredung des Prinzen
gelingt es, daß sie sich still wie ein Opferlamm seinem
Schutze anvertraut. Und nun? wie steht es jetzt — da
Emilia getrennt von den Ihrigen und in der Gewalt des
liebenden Verführers ist — wie steht es jetzt um ihre
L i e b e zu diesem?

Eines muß uns in ihrem Verhalten, jetzt wie später,
auffallend erscheinen: daß sie des Appiani kaum ober=
flächlich und nur mit wenig Worten gedenkt. Zum Theil
mag das, wenigstens für jetzt noch, durch ihre natürlichere
größere Sorge um ihre Mutter erklärt werden. Daß
diese Sorge sie zunächst beschäftigt, ist k i n d l i c h und vor
Allem w e i b l i c h. Später, da sie resignirt ist, da sie
nichts mehr zu retten sieht, als ihre E h r e, was soll es
ihr da nützen, den Tod Appiani's zu beklagen —?

Aber zum andern Theil müssen wir uns doch selbst
sagen, daß bei ihr eine leidenschaftliche Liebe zu Appiani
nicht wohl anzunehmen ist.

Appiani's reiner, edler, männlicher Charakter wird
von dem strengen alten Galotti hochgeschätzt, und die Zu=
neigung beider Männer zu einander ist so groß, daß es
Beiden eine hohe Freude gewährt, durch Emilia mitein=
ander näher verbunden zu werden.

Emilia, bei ihrer Tugend, bei ihrer strengen Erzie=

hung, lernt in Appiani den ersten Mann kennen, und ihrer Eltern Liebe zu diesem, sowie ihre eigne Erkennt- niß seines hohen Werthes erfüllen sie mit inniger Freude über das Glück dieser Verbindung.

Da tritt der Prinz in ihr Geschick. Seine Kunst der Verführung, sein heißer liebeglühender Athem berührt sie dämonisch. Von einer erwachenden Neigung zu ihm, oder gar von Liebe, kann bei ihr vorläufig nicht die Rede sein, denn sie erblickt in ihm nur voll Abscheu das La- ster, das sich gegen sie erhebt; aber ihr Schrecken, ihre Furcht vor ihm ist eine leidenschaftliche Furcht, — sie flieht vor ihm, weil sie sich als den schwächern Theil fühlt. Und eben deshalb kann der Prinz hoffen, daß sich mit der Zeit diese Leidenschaftlichkeit des Hasses in die Leidenschaft der Liebe umwandeln könnte. Er darf dies hoffen, sie darf es fürchten. Ist diese Furcht anfänglich bei ihr nur ein dunkles Gefühl des Schreckens, so findet sich allmälig bei ihr das Bewußtsein ihrer Lage ein. —

In diesem Bewußtsein sehn wir sie wieder, nachdem Marinelli die Fäden weiter verschlungen und angeordnet hat, daß — unter dem Vorwande einer strengen gericht- lichen Untersuchung — Emilia von Vater und Mutter getrennt, ein Verhör zu erwarten habe, und deshalb im Hause des Kanzlers Grimaldi in schonendem Gewahrsam gehalten werden solle. Odoardo, der den Plan durch- schaut, wünscht eine letzte Unterredung mit seiner Tochter. — Diese Unterredung führt endlich zu der tragischen Schluß=Katastrophe. Odoardo ist entschlossen, die Ehre seiner Tochter um den Preis ihres Lebens zu retten, und bei Emilia hat sich, wie wir sogleich erkennen, der gleiche Entschluß befestigt. Weil ihr mittlerweile die Situation zum klaren Verständniß gekommen ist, weil sie jetzt erst die Begebenheit in ihrer äußerlichen Handlung sowohl, wie in ihren Motiven und möglichen Consequenzen durch= schaut und weil sie dadurch sich selbst zum Verständniß kommen mußte, ist sie jetzt ruhig und resignirt, denn — sagt sie — entweder ist Nichts verloren oder Alles, — und „ruhig sein können, und ruhig sein müssen, kommt das nicht auf eins heraus?“

Aber in dieser Ruhe und Resignation wirkt sie auf unser Gemüth erschütternder, als in ihrer früheren Be= ängstigung, denn wir fühlen, daß sie damit auf dem Punkte ihrer tragischen Bestimmung angelangt ist.

Odoardo theilt ihr mit, was man mit ihr im Sinne habe, daß sie gleichsam eine Gefangene des Prinzen sein soll, daß man sie aus den Armen der Eltern reißen, sie zur Grimaldi bringen will.

Will, will! ruft sie, als ob wir keinen Willen hätten!

Da Odoardo den Dolch blicken läßt, mit dem er Wil= lens war, den Prinzen oder Marinelli oder Beide zu durchstoßen, widerräth sie ihm voll Lebhaftigkeit solchen Schritt, denn — sagt sie — „das Leben ist Alles, was die Lasterhaften haben.“

Mit dieser bedeutungsvollen Geringschätzung des Lebens verurtheilt sie Jene und deutet damit zugleich den Weg zu ihrer Rettung an, denn sie hat neben dem Leben noch ihre Tugend und diese steht ihr höher. „Mir", ruft sie, „mir, mein Vater, geben Sie diesen Dolch!"

Seiner Beschwichtigung setzt sie nun mit dem Feuer der Beredtsamkeit die Schilderung ihrer Lager entgegen. In dieser ihrer Schilderung finden wir ganz einfach das bestätigt, was kurz zuvor Odoardo zu ihr so schön in den Worten ausspricht: „Das Weib wollte die Natur zu ihrem Meisterstücke machen. Aber sie vergriff sich im Thone, sie nahm ihn zu fein; sonst ist Alles besser an Euch." Ihr Gedanke, für ihre Tugend sterben zu können, bringt sie nun in wahre Leidenschaftlichkeit.

„Gewalt, wer kann der Gewalt nicht trotzen, aber die Verführung, das ist die wahre Gewalt." Sie hält ihm vor, daß auch sie Blut, warmes Blut habe, und Sinne, daß sie für nichts einstehen könne, wenn man sie in das Haus der Grimaldi bringe und allen Verlockungen der Welt aussetze, sie hält ihm vor, daß es wohl ehedem einen Vater gab, der, seine Tochter von der Schande zu retten, ihr den ersten besten Stahl in das Herz senkte. —

Dieser Ermahnung bedurfte es nur, um die reife That zu vollziehn, und die liebende und rettende Hand des Vaters taucht den Dolch in das Herz der Tochter, die noch die väterliche Hand zu küssen begehrt, die Hand, die nur eine Rose gebrochen, ehe der Sturm sie entblättert.

So stirbt Emilia als eine Heldin im vollsten Sinne.
Aber ihr Tod erhebt uns zugleich, indem er uns er=
schüttert, denn ihr Tod ist ein Triumph und als
Siegerin scheidet sie aus diesem Leben.

Nicht verbergen können wir es uns bei Betrachtung
dieses Charakters der Emilia, daß sie weniger unserm
Boden entwachsen als vielmehr in denselben hineinge=
pflanzt sei. Allerdings ist in Emilia das Prinzip der
Sittlichkeit ausgesprochen; aber dies Prinzip steht da,
nicht als der natürlich und nothwendig aus der Hand=
lung sich erklärende Gedanke, sondern mehr wie der dem
Weibe entgegengehaltene sittliche Imperativ. Der ethische
Gedanke wird hier durch ein starres, strenges Gebot ver=
treten, das in antiker Anschauung wurzelt *), und des=
halb steht die That unserm modernen Bewußtsein wie

---

*) Wenn ein französischer Kritiker (aus dem Ende des vo=
rigen Jahrhunderts) die „bei Livius schreckenerregende That
des Vaters" in dem deutschen Drama lächerlich findet, so
ist darin doch noch mehr Sinn und Verstand, als wenn Börne
in seiner liberal=doctrinären Weise die That Odoardo's ver=
höhnt, weil er damit nichts weiter thäte (im Gegensatze zu dem
römischen Freiheitshelden) als die „anatomische Unschuld" sei=
ner Tochter retten! Als ob es sich hier wirklich nur um das
handelte! Konnte der deutsche Kritiker nicht eine gewaltige
Bedeutung dieser Tragödie darin finden, daß — obwohl der
Dichter eben nur das rein Menschliche dabei im Auge hatte
(abgesehen von allen politischen Doctrinen) — Lessing dabei

etwas Fremdes gegenüber, bei aller gerechten Bewunderung für die Kunst und Feinheit, mit welcher eben dieser
innere Widerspruch unter der äußern Form verdeckt und
durch diese scheinbar gelöst ist. Aber bei alledem erhebt
der ethische Gedanke und die bewundernswürdig feine Mo-
tivirung des ganzen Charakters Emilia Galotti zu dem
Ideal des sittlichen Weibes.

Emilia hat in dem Moment ihrer Selbstvernichtung
etwas von dem Enthusiasmus einer Märtyrin. Aus der
Art, wie sie ihrem Vater die verderbliche Macht der Verführung schildert, spricht zum Theil der sie wirklich be-
geisternde Gedanke, für ihre Ehre zu sterben, zum Theil
aber auch ihre wahrhafte, tief empfundene Ueberzeugung.
Und daß sie vor dieser ihrer Empfindung floh, ist
größer, heroischer, als wenn sie geblieben wäre und wider-
standen hätte; weil es dann auch kein Opfer gewesen
wäre, zu entsagen, wo sie selbst keinen Tropfen Blut besitzt, der ihr feindlich war. Man sagt, den Häßlichen
wäre es leicht, tugendhaft zu sein, — aber mehr noch
den Empfindungslosen, könnte man hinzufügen; und
weil Emilia das nicht war, so konnte sie nur dies Opfer
bringen, — zu sterben.

Verhältnisse berücksichtigte, welche fünfzehn Jahre später in der
französischen Revolution ihre welterschütternde Lösung finden
sollten?

Prinzessin Eboli.

Prinzessin Eboli.

Den sittlichen Gegensatz zum Charakter der Tugend=
heldin Emilia Galotti könnten wir in der Lessing'schen
Tragödie selbst finden, und zwar in der Person der Grä=
fin Orsina. Aber für ein vollständig entwickeltes Cha=
rakterbild, wie es in diesem Cyklus erfordert wird, und
für die Repräsentation jener Gattung, welche hier ihre
wohlberechtige Stelle hat, ist das Gemälde nicht erschö=
pfend genug. Von der Orsina vernehmen wir nichts,
was uns die folgerichtige Entwickelung dessen, was sie ist,
erkennen lassen könnte; wir hören nur die traurige Schluß=
dissonanz ihres einst glanzvollen Lebens. Orsina ist be=
reits am Ende ihres tragischen Geschickes, da wir sie
kennen lernen, und ergänzen können wir uns das Bild
nur durch Voraussetzungen, für welche kein fester Halt
geboten ist.

Anders verhält es sich mit der Prinzessin Eboli in
Schillers „Don Carlos".

Abgesehn von der mannigfachen Verschiedenheit beider Charaktere, sehn wir die Eboli mit reichern Zügen motivirt, wir sehn sie das werden, was sie ist, und als was wir sie erblicken sollen. Kommt daher ihr eigentliches Wesen schärfer, vollständiger und schlagender zum Ausdruck, so wird dennoch durch die reichhaltige Ausführung des Charakters die absolut so große Schuld zu einer relativen Bedeutung modificirt. Die Eboli ist im sittlichen Gegensatz zur Emilia das Weib, das ihre Ehre den sie umgebenden Verhältnissen zum Opfer bringt, mit Bewußtsein und mit klarer Erkenntniß dieser Verhältnisse.

Die Fürstin Eboli war eine historische Persönlichkeit, und ihre politische Bedeutung fällt in spätere Zeit, als Schiller's Geschichte des Don Carlos *).

---

*) Die historische Eboli war in einen furchtbaren Prozeß verwickelt, welchen Philipp II. gegen seinen Staatssekretair Antonio Perez führte, und zwar vom Jahre 1579 bis in den Anfang des 17. Jahrhunderts hinein. Es kam hierbei zu förmlichen Kriegen Philipps gegen die aufständischen Arragonier. Die Einzelnheiten dieser Geschichte, welche uns in den „Relaciones" von Antonio Perez selbst aufbewahrt wurden, und über welche Mignet ausführlich berichtet, sind von großem Interesse. Sie mögen hier nur so weit mitgetheilt sein, als die Eboli damit in Berührung steht. Philipp hatte einen jungen Diplomaten, dessen Talente ihm dringend anempfohlen waren, in seine Nähe gebracht. Antonio Perez, so hieß der junge Mann, rechtfertigte das ihm geschenkte Vertrauen durch die Entwickelung glänzender Geistesgaben, welche Philipp so gut als

Die Eboli der Tragödie erblicken wir zuerst in ihrer Stellung als Dame der Königin Elisabeth, der jungen Gemahlin Philipp's II. von Spanien. Scheint

---

möglich für sich zu benutzen strebte, und Antonio Perez bekleidete nach Jahren das Amt des Staatssekretairs. Um diese Zeit glänzte die Prinzessin Eboli, aus dem Hause Mendoza, Gattin des Fürsten und Ministers Ruy Gomez, als erster Stern, an Schönheit und Geist, am Madrider Hofe, und der heuchlerische Tyrann selber richtete auf sie seine Blicke. Antonio Perez ward von Philipp ausersehn, auch hierin seine Talente zu zeigen. Er überbrachte den Wunsch und Willen des Königs dem Fürsten Ruy Gomez und stieß weder bei diesem, noch bei der schönen Fürstin auf Schwierigkeiten. So behielt auch Perez das Ehrenamt, die Eboli heimlich dem Könige zuzuführen. Bald aber kam es zwischen ihm selbst und der Eboli zu einem geheimen Einverständniß, während dessen sie Beide die schmachvolle Rolle dem König gegenüber fortspielten.

Die Sache blieb lange Geheimniß, und der König hegte weder gegen seine Geliebte noch gegen den Staatssekretair Argwohn.

Da endlich trat eine politische Begebenheit dazwischen, welche andre Interessen mit diesem vereinigte. Don Juan d'Austria, der natürliche Sohn Carls V. und Bruder Philipps II., vom König fortwährend mit Neid und Mißtrauen behandelt, nahm in den Niederlanden eine immer übler werdende Stellung ein. Durch seine Fähigkeiten zum Handeln berufen und doch durch Philipps Maßregeln in jeder freien Bewegung gehemmt, forderte er wiederholt, daß die spanischen und italienischen Truppen aus den Niederlanden zurückberufen würden. Lange hatte sein ihm ergebener Sekretair Escovedo deshalb

zuerſt die Bedeutung der Hofdame nur eine untergeord=
nete, ſo iſt doch hier ſchon in nur wenig Worten ein
für ihr ſpäteres Geſchick höchſt bedeutſames Motiv ange=

---

mit Antonio Perez brieflich verhandelt, und Letzterer hatte da=
bei gegen Don Juan und Escovedo einerſeits und Philipp an=
derſeits eine doppelte Rolle geſpielt, mit welcher er ſich dem
König auf's neue dienſtbar machte. Da endlich kam Esco=
vedo, um an Ort und Stelle in der Angelegenheit ſeines Herrn
mehr wirken zu können, ſelbſt nach Madrid, und nun mußte
Perez die Maske fallen laſſen, indem er offen ſeinen Plänen
entgegen arbeitete. Escovedo erkannte, daß er Perez's Machi=
nationen gegenüber machtlos ſei, und der Zufall ſpielte ihm
die Gelegenheit in die Hand, den mächtigen Gegner ſtürzen zu
können. Er entdeckte das geheime Einverſtändniß des Perez
mit der Eboli und beeilte ſich, dies dem König beizubringen,
um dadurch einen Beweis von dem verrätheriſchen Sinn des
Perez zu liefern und ſeinen Einfluß zu zerſtören. Escovedo
aber konnte damit nur ſeinem Feinde ſchaden, ohne ſich ſelbſt
zu nützen. Es begann ein Spiel allſeitiger Heuchelei ohne
Gleichen. Philipp ließ es weder gegen Perez noch gegen die
Eboli merken, daß er um Beider Verhältniſſe wiſſe. Aber bei
deren ſtets lauernden Beobachtung wurde es ihnen dennoch durch
kleine Zufälligkeiten bekannt, und nun hatten auch ſie wiederum
die Aufgabe, gegen Philipp die Argloſen zu ſpielen.

Philipp nahm ſich Zeit zur Ueberlegung, wie er am beſten
Alle nach und nach verderben könne; er ſah ſie bereits ſämmt=
lich mit innigem Wohlbehagen an den glühenden Nadeln ſei=
ner unberechenbaren Bosheit zappeln. Zunächſt erſchien ihm
Escovedo mit ſeiner politiſchen Miſſion der unbequemſte, und
mit beiſpielloſer Tücke erſah er Perez ſelbſt als Werkzeug, Es=

deutet. Die Eboli soll dem Fürsten Ruy Gomez, dem
Günstling des Königs, ihre Hand reichen. (Dieser Ruy
Gomez, von welchem hier in der Dichtung nur die

---

covedo aus dem Weg zu schaffen, wodurch er auch zugleich für
sein zweites Opfer eine Schlinge erhielt. Nach sehr dringen-
den Unterhandlungen Philipp's mit Perez wurde endlich eines
Abends Escovedo auf der Straße meuchlings ermordet.

Nun ging Philipp mit Ruhe daran, auch das Werkzeug zu
dieser That, sowie die verrätherische Geliebte zu opfern. Die
That des Perez war bald ein lautes Geheimniß, und der König selbst that das Seine, es schnell zu verbreiten. Nach und
nach erhoben die Verwandten und Anhänger laute Klage und
forderten Bestrafung des Mörders. Während der Lärm mehr
und mehr wuchs, beruhigte Philipp seinen Staatssekretair darüber unter dem Scheine dauernden Wohlwollens, und versicherte
ihm endlich, wenn er genöthigt sein würde, der öffentlichen
Stimme Gehör zu schenken, so würde ein gerichtliches Verfahren gegen ihn eben nur den Zweck haben, den Schein zu retten und die Stimmung zu beruhigen. In einer Nacht des
Jahres 1579 wurde aber nicht allein Antonio Perez, sondern
auch zugleich die Prinzessin Eboli, Letztere unter dem Vorwande, daß sie der Mitwissenschaft an dem Morde dringend
verdächtig sei, verhaftet.

Für die Geschichte des Antonio Perez beginnt hier eine
neue Epoche. Hier sei nur so viel bemerkt, daß Philipp ihn
zehn Jahre, ohne daß der gegen ihn begonnene Prozeß zu
irgend welchem Fortschritt gelangte, im Kerker schmachten ließ,
bis er endlich durch seines Weibes Hülfe entfloh und bei den
Arragoniern, welche besondere Freiheiten und Privilegien ge-
nossen, Schutz gegen Philipp's Verfolgungen fand.

Genée, R. Frauenkranz. 3

Rede ist, war historisch wirklich der Gemahl der Eboli und Minister Philipp's II., als die Eboli ihre politische Rolle spielte.) Wenn auch die arglose Königin bis dahin noch nicht ahnen konnte, welche Absicht des Königs sich hinter dem Projecte der Verbindung der Eboli mit Ruy Gomez verberge, so wird man es doch sobald errathen, als die Eboli fußfällig die Königin anfleht, sie möge es verhindern, daß sie aufgeopfert werde.

Das so nur ganz kurz angedeutete Motiv, mit welchem hier die Eboli vor uns eingeführt wird, ist wichtiger, als es oberflächlich erscheint, denn es ist ein bedeutender Anstoß für ihre ganze spätere Entwickelung.

Wir sehn ein Weib, das vielleicht — nach Rousseau's Theorie gewiß — ursprünglich zum Guten bestimmt war, in der Lage, ihr besseres Selbst dem Willen eines finstern

---

Die Prinzessin Eboli wurde nach einigen Jahren kerkerhaft auf Einspruch ihrer vornehmen Verwandten wegen zerrütteter Gesundheit entlassen und in's Exil geschickt, wo sie 1592 in ihrem 52. Lebensjahre starb.

Sie war im Jahre 1540 geboren, also zur Zeit der hier besprochnen Ereignisse bereits 38 Jahre alt. Dennoch, und obwohl sie im Besitze nur eines Auges war, galt sie für eine vollkommene Schönheit. Sie war geistreich, leidenschaftlich, stolz und entschlossen; unwiderstehlich, wo sie bezaubern wollte, war sie geboren, die heftigsten Leidenschaften zu erwecken. Perez in seinen hinterlassenen „Relaciones" nennt sie: „einen Edelstein, umfaßt mit allen Blumen natürlicher Anmuth und allen Glücksgütern."

Despoten Preis geben zu sollen. Und nicht der Fürst Ruy Gomez ist es, dem sie „aufgeopfert" werden soll, sondern König Philipp selbst, der, um in ihren Besitz zu gelangen, sie erst an seinen Günstling fesseln will.

Das Alles wird uns erst später aus den sich hieraus entwickelnden Situationen des Drama's bekannt.

Hatte also die Prinzessin Eboli, wie sie sich uns hier zeigt, Stolz und bessere Empfindung genug, um sowohl der plumpen Verführung wie dem äußern Zwange Widerstand entgegen zu setzen (und wir dürfen dies bei den herrschenden Verhältnissen nicht gering anschlagen), so konnte in der Folge das bessere Empfinden weniger ihrer eignen leidenschaftlichen Natur widerstehen. Ihre leidenschaftliche Liebe zum Infanten, unterstützt durch gereizte Eitelkeit, wird die Vermittelung für alles Weitere; getäuschte Liebe in Vereinigung mit unerhörter Beschämung ist es, welche ihr besseres Selbst vernichtet und in bedeutungsvoller Weise ihrer Laufbahn eine andre Wendung gibt.

Ihre Leidenschaft zum Prinzen verräth sie schon in derselben Scene mit der Königin in wenig Worten.

Die Königin fragt sie, ob es schon lange her sei, daß sie den Grafen (Ruy Gomez) ausgeschlagen habe? „O viele Monate", entgegnet die Prinzessin und fügt hinzu: „Prinz Carlos war noch auf der hohen Schule." — Dies unwillkürliche Zusammenbringen von Wirkung und Ursache macht auch sogleich die Königin stutzen, und sie

3 *

legt der Prinzessin die weitergehende Frage vor, ob sie
sich auch geprüft habe, aus welchen Gründen ihre Weigerung erfolgte? Was die Königin bereits zu ahnen beginnt, kann sich hier nur auf den einen Grund beziehn,
durch welchen nur das Herz und nicht die Ehre der
Eboli bedroht wird. Diese umgeht eine bestimmte Antwort, indem sie nur mit gewisser Heftigkeit wiederholt,
daß die Verbindung niemals, aus tausend Gründen niemals geschehn könne.

So sehen wir hier in wenigen aber klaren Zügen die
ganze Sachlage angedeutet.

Aber ein Weib, wie diese Eboli, schön, glänzend, all-
begehrt und Spanierin, war nicht zum stillen Resigniren
geboren. Ein verderblicher Irrthum bestärkte sie in ihrem
Entschlusse, dem Infanten ihre Liebe mitzutheilen. Einige
Galanterien des Don Carlos, hinter denen er vielleicht
nur seine unglückliche Leidenschaft für die Königin zu verbergen sich bemühte, bringen sie zu dem unseligen Wahn,
daß sie der Gegenstand seiner Leidenschaft sei; und in
seiner knabenhaften Schüchternheit allein glaubt sie den
Grund zu finden, weshalb er sich ihr nicht offen erkläre. .
In ihrer Verblendung kommt sie ihm daher mit um so
weniger Zurückhaltung entgegen. Ermuthigt durch jene
mißverstandenen Liebeszeichen und Aufmerksamkeiten des
Infanten, hat sie diesem durch ihren Pagen den Schlüssel zu ihrem Cabinet nebst einem auffordernden Billet —

vorsichtiger Weise nicht mit ihrem Namen unterzeichnet —
zukommen lassen.

Carlos, in seiner Raserei der Liebe zur Königin, wähnt
nichts Anders, als daß von dieser das Zeichen ihrer Gunst
käme, und daß sie es sei, die ihn in dem bezeichneten
Cabinet erwarte. Der Taumelnde eilt dorthin, und findet — die Prinzessin Eboli, welche in allem Glanze
ihrer hohen Reize voll glühender Sehnsucht seiner harrt.
Hier in dieser, von allem poetischen Zauber durchwehten
Scene offenbart sich die leidenschaftliche und, in ihrem
höchsten Aufruhr, echt weibliche Natur der Eboli in den
schnellsten und erschreckendsten Uebergängen.

Carlos ist in dem Augenblicke, da er das Cabinet betritt und statt seiner angebeteten Königin die Eboli findet, auf's äußerste bestürzt, ohne aber in seiner fortdauernden Blindheit die Ursache seines Irrthums zu ahnen.

Nun ist die Prinzessin in der Lage, alle reizenden und
verführerischen Künste weiblicher Koketterie, von den feinsten bis zu den stärksten Graden, gegen den Unempfind-
lichen zu versuchen, um ihm endlich das Geständniß zu
entlocken, das sie in ihrem Wahn mit Sicherheit erwartet.
Vergebens, Carlos Gedanken sind nur bei der Königin,
die seiner harrt, denn noch immer glaubt er, nur in dem
bezeichneten Orte sich geirrt zu haben. Seine ausweichenden Reden nimmt die Eboli nur für zarte Schonung,
mit welcher er dem Weibe die in solcher Situation na-

türliche Beschämung ersparen wolle. Seine steigende Aufregung, da er mehr und mehr sich umstrickt fühlt und
dabei der Königin gedenkt, beobachtet sie mit äußerster
Befremdung, bis endlich ein absichtsloses Erwähnen des
Königs sie zu dem Wahne bringt, daß den Infanten nur
ein zum Theil begründeter Argwohn gegen diesen peinige.
Dies kann sie wieder zu ihren Gunsten deuten und sie
schöpft daraus neuen Muth. Mit seinem Geiste legt sie
ihm wieder ihre Schlingen, hält ihm Alles vor aus seinem Benehmen, Zufälliges und Absichtliches, was sie sich
günstig deuten kann, aber Alles prallt von seinem kalten
Gleichmuth ab.

Oder ist es nur ein Sonderling, so denkt sie, der in
ungeheurem Männerstolze die Blödigkeit nur als Larve
braucht, um desto sichrer sich an seinem Siege zu ergötzen?
Gut denn, sie greift zum letzten Mittel, ihn zur Erklärung zu bewegen.

In ihrer Noth vor des Königs Nachstellungen will
sie ihn, Carlos, zu ihrem Richter, ihrem Retter erwäh-
len. So kann sie hoffen, ihn zur Liebe zu entflammen,
und doch dabei sich ihm im edeln Stolze zeigen. Ihm
sagt sie, wolle sie an die Brust sich werfen, in seiner Liebe
sucht sie Schutz vor den fürchterlichen Schlingen, mit denen
der König ihrer Tugend nachstellt. Ein Blatt, das sie
ihm einhändigt, soll diesen Heiligen entlarven. Bis jetzt,
ruft sie, war es mein Stolz, der meine Tugend schützte;
doch endlich —

Endlich fiel sie?

Dieser Gedanke bringt Carlos, der das Weib in seiner vollen, reinen Schönheit vor sich sieht, plötzlich zu einer
wärmern, je leidenschaftlichen Theilnahme. Diese Theilnahme steigt zur Bewunderung, als die Prinzessin auf seine
Frage ihm voll freudigem Triumphe den ganzen Stolz ihrer
Weiblichkeit entgegenhält. Der Liebe Glück, sagt sie, ist

> Der unschätzbare Diamant, den ich
> Verschenken oder, ewig ungenossen,
> Verscharren muß, dem großen Kaufmann gleich,
> Der ungerührt von des Rialto Gold,
> Und Königen zum Schimpfe, seine Perle
> Dem reichen Meere wiedergab, zu stolz,
> Sie unter ihrem Werthe loszuschlagen.

Jetzt muß sie ihn erringen, oder niemals! Sie fühlt
sich bereits völlig sicher, indem sie sich mit ihrer Liebe
zu einer schwindelnden Höhe des Glückes steigert. Sie
gefällt sich dabei in ihrem Stolze. Nur einmal will sie
lieben, aber ewig; Einen nur soll ihre Liebe glücklich machen, doch diesen Einzigen zum Gott! Ja, freudig will
sie auf das kostbare Diadem verzichten, das Carlos Hand
zu vergeben hat, wenn sie dafür sein Herz erringen kann.
Ihr ganzes Glück, ihr ganzer Stolz soll diese Liebe sein,
und je mehr, je mächtiger dieser Gedanke sie durchlobert,
jemehr mit ihrer glühenden Leidenschaft sich auch ihr Stolz
auf ihren eignen Werth und ihre Liebe verbindet, um so
furchtbarer ist der plötzliche Sturz von der schwindelnden

Höhe ihres geträumten Glückes. In demselben Augenblicke, da Carlos Herz voll Liebe sich ihr zu eröffnen
scheint, da er, gerührt von solcher bis dahin ungeahnten
Seelengröße, sie zärtlich in seine Arme geschlossen, und
da sie, von diesem Gefühlsausbruch sich erholend, wieder
ein wenig die Koketterie des Weibes wiederfindet, indem
sie zärtlich vorwurfsvoll ihn tadelt, daß sie ihm erst be-
weinenswürdig sein mußte, ehe er sie liebenswürdig finden
konnte, — in diesem Augenblick süßen, hoffnungsvollsten
Schwärmens, indem sie ihn an den, wie sie meint, von
ihm absichtlich verleugneten Schlüssel erinnert, wird sie
durch die schreckliche Entdeckung, daß nicht sie es ist,
um die er kam, und die er liebt, enttäuscht, vernichtet!

In ihrem furchtbaren Irrthum befangen, hat sie sich
ganz mit liebeglühendem, vollem Herzen dem Prinzen hin-
gegeben, die geheimsten Falten und Stimmungen ihres
Innern ihm enthüllt, im sichern Gefühl seines Besitzes
die natürliche Scham des Weibes von sich geworfen, um
rücksichtslos für Alles dies nur ihm und seiner Liebe anzugehören, und wird in einem einzigen Augenblicke der
Enttäuschung gleich ihm aus allen Himmeln herabgestürzt!

Schrecklicher konnte nie ein Weib sich selbst betrügen,
als sie es that, und dieser unheilvolle Augenblick mußte
ihrem Herzen einen tiefen, unheilbaren Riß verleihen, der
nur zur Vernichtung führen konnte. Carlos ist von
der Entdeckung auf's tiefste erschüttert, er begreift das
Entsetzliche ihrer Lage; aber erst die Erinnerung an den

Brief, den sie ihm gab, und der den heuchlerischen Ver=
führer ihm entlarven sollte, und die Entdeckung, daß die=
ser Brief vom König kam, bringt ihn wieder zu sich
selbst. Mit dieser ihm so werthvollen Errungenschaft ver=
läßt er die Prinzessin.

Leidenschaft und Hochmuth, Beides war es in gleichem
Maße, was die Katastrophe für die Eboli herbeigeführt
hat. Ihr Stolz fühlte sich in dem Gedanken, die Ge=
liebte des Infanten zu sein, namenlos befriedigt. Wie
groß aber der Antheil der Leidenschaft der Liebe an die=
ser Befriedigung war, erkannten wir schon in der ersten
Begegnung mit der Königin, in der ihr Herz sich unge=
stüm verräth; wir erkennen es ferner aus der Art, wie
sie sich Carlos gegenüber äußert, und wir erkennen es
noch mehr in den Folgen ihres Verhaltens nach ihrer
Enttäuschung. Dies aber findet auch zugleich seine Er=
klärung darin, daß ihre Liebe weniger die reine Himmels=
glut, als vielmehr ein dämonisches Feuer war. Sie ward
vernichtet durch die tödtliche Beleidigung ihres Stolzes
und ihrer Weiblichkeit; allein bei so viel Leidenschaft und
so viel Lebenskraft mußte hier aus der Vernichtung eine
andre Eboli für die zu Grunde gerichtete auferstehn.

Eine Natur wie die ihrige, die so viel in sich trug
und so viel geben konnte, bricht in solcher Erschütterung
nicht zum ohnmächtigen Nichts zusammen. Sie bäumt
sich auf, zurückgeschleudert mit ihrer Liebe, sucht sie nun
Rache. Ihre Erkenntniß, daß es die Königin ist, die

vom Infanten geliebt wird, und welche — so flammt mit
Blitzesschnelle ihr Gedanke auf — ihm Gegenliebe schenkt,
läßt sie ihre Rache gegen die unschuldige Ursache ihres
fürchterlichen Schmerzes richten.

Daß sie die Königin im Einverständniß mit dem Prinzen wähnt, steigert ihre Erbitterung gegen diese, und um
so mehr, als grade diese Königin als das leuchtendste
Vorbild der Tugend, als eine Heilige verehrt wurde. Sie
selber zitterte „vor dem erhabnen Schreckbild dieser Tugend", in ihr sah sie ein höheres Wesen, vor deren reinem Tugendglanze sie sich gebeugt, unwürdig fühlte, und
sie, grade diese Heilige sollte sie glücklich wissen in der
Liebe dessen, der sie, die leidenschaftlich Liebende, ver-
schmähte? Ihr nächster Wunsch ist, die Königin zu entlarven. Sie entwendet ihr die Briefe, die sie von Carlos Hand empfing und liefert sie dem König aus.

Aber nicht genug damit. In ihrer Wuth empörter
Leidenschaft vernichtet sie nicht nur Andre, sie vernichtet
auch sich selbst, oder besser: sie drückt ihrer geschehenen
Selbstvernichtung das Siegel auf. So lange sie in der
geträumten Liebe des Infanten sich glücklich wähnte, ver-
weigerte sie mit heroischem Muth dem König das, was
sie ihm jetzt, nach der geschehenen Demüthigung, aus eig-
ner Entschließung bietet, und durch diese Handlungsweise
rächt sie an sich selber ihr eignes besseres Gefühl.

Noch einmal erwacht ihre Liebe zu Don Carlos, da
sie ihn in Gefahr glaubt, in Gefahr, herbeigeführt durch

ihren Verrath, und verzweifelnd über ihre eigne Raserei
gesteht sie der Königin die abscheuliche That. Und konnte
diese reine und edle Frau auch den gegen sie begangenen
Verrath verzeihn, um der Liebe Willen für Carlos, so
wendet sie sich mit Abscheu von der Verworfnen, die
durch ihr leidenschaftliches Rachegefühl so weit kam, daß
sie ihre eigene Ehre wahnwitzig Preis gab.

Wie in Wirklichkeit die Eboli und ihr Ende war,
ist in der längern historischen Anmerkung hier mitgetheilt
worden. Die Eboli unsrer Dichtung endet als Verbannte
im Kloster.

Der Dichter legte in diese Gestalt der Eboli so große
sittliche Motive, und fügte diese mit so feinem Geiste aneinander, daß wir es bedauern müssen, wenn sie bei der
allzu großen Complicirtheit des ganzen umfangreichen Drama's eben nur als eine bedeutungsvolle Episode in zwei-
ter Reihe erscheint. Auch in dieser an psychologischem
Interesse so reichen Gestalt blieb für den Dichter doch
Don Carlos der Hauptzweck *). Aber troß der bedenk=

---

*) Wie Schiller selbst die große Scene Beider betrachtet,
spricht er in seinen Briefen über Don Carlos aus: „Der Prinzessin von Eboli gegenüber, die sich aus Leidenschaft und
Plan so oft gegen ihn vergißt, zeigt Carlos eine Unschuld,
die der Einfalt sehr nahe kommt.... Aber auch über eine
feinere Verführung sollte man ihn erhaben sehen; daher die
ganze Episode der Prinzessin von Eboli, deren buhlerische Künste
an seiner bessern Liebe scheitern."

lichen Lage, in welche die Eboli durch ihre Leidenschaft=
lichkeit geräth, hat sie noch vollen Anspruch auf unsre
Theilnahme. An einem Hofe, wo die Corruption aller
Gefühle die Menschen mit einander verkehren ließ, wo
Heuchelei das erste gesellschaftliche und politische Gesetz
war, da werden wir über das noch vorhandene Maß von
Tugend und Seelenadel in der noch nicht zerrütteten Eboli
ebenso erstaunen können, wie der arglose Carlos. Bei
aller Schuld, die auch die Eboli auf sich ladet, bleibt
doch der Bruch des Herzens ein Hauptmotiv für den
tragischen Verlauf ihres Schicksals. Verblendet aber durch
ihre Leidenschaft, nicht 'groß genug, ein selbst verschulde=
tes Unglück zu ertragen, gestaltete sie frevelnd ihr Unglück
zum Verbrechen, und zerstörte an sich selbst ein Bild voll
Schönheit, Glanz und Herrlichkeit. Aus den Trümmern
der Zerstörung steigt sie in anderer Gestalt als ihre eigne
Rächerin hervor; der Strom der Leidenschaft, in seinem
graden Lauf gehemmt, durchbricht — sich einen andern
Ausweg suchend — nach andrer Richtung hin die Dämme,
unheilvoll für sich und Andre.

Clärchen.

Clärchen.

— –

Egmont's Clärchen! Wir treten hiermit an eines
der reizendsten weiblichen Portraits, welche je bewundert
worden sind; wenn wir auch hinzusetzen müssen, daß es
vielleicht grade einige der am meisten getadelten Fehler
in dem Goethe'schen Drama sind, denen wir diese bezau-
bernd anmuthige Schöpfung zu danken haben, und eben
deshalb wird es den Kritikern des Egmont — (und der
strengste von ihnen war bekanntlich Schiller) — immer
schwer werden, der Dichtung in den Augen des Publi-
kums etwas anzuhaben. Wir, in der gegenwärtigen Analyse, können darüber um so lieber hinwegsehn, als wir
uns ja eben nur mit dem Clärchen beschäftigen wollen,
diesem Bilde von unnachahmlicher Schönheit.

Mag man es immerhin nicht billigen wollen, daß
Goethe dem historischen Egmont Frau und Kinder hin-
wegdramatisirte, daß er uns statt des rührenden Gatten
und Familienvaters einen angenehmen Liebhaber vorführt;
was ließe sich um dieses Clärchens Willen ihm nicht

Alles verzeihn! Mag man es rügen, daß Goethe durch
das Aufgeben der Beziehungen Egmont's zu seiner Familie sich selbst eines großen tragischen Motivs für die
Entwickelung seines Helden beraubte, — das mochte Alles
recht schön, recht ergreifend und für die echt tragische
Würde Egmont's sehr angemessen gewesen sein — aber
wir hätten doch immer kein Clärchen!

In einem politischen Drama ist allerdings die einfache Gestalt dieses Mädchens, das eben nichts mehr und
nicht weniger ist, als Egmont's Geliebte, zu einer über-
wiegenden Bedeutung angewachsen. Wie sich ein Verlieb-
ter so leicht von seinem geliebten Gegenstande tyrannisiren
läßt, so ist es auch wohl hier dem Dichter ergangen, dem
das kleine Clärchen mittlerweile so über den Kopf wächst,
daß er am Ende dadurch von seiner Autorität über den
Helden einbüßt. So mag aber die Stellung des Bildes
zu bemängeln sein, das Bild selbst ist darum doch ungetrübt in seinem vollen Reize.

Bevor man sich mit allen Schönheiten und feinen
Schattirungen im Charakter des Clärchen vertraut machen
will, ist es nöthig, den Charakter Egmont's so weit zu
erforschen, als durch ihn erst Clärchens ganze Natur zur
Anschauung und zum Verständniß kommt. Egmont ist
der Boden, aus welchem uns Goethe die Blume Clärchen
gezogen·hat, mit Regen und mit Sonnenschein; und da
ein Sturm, ein Unwetter den Boden ihr entrissen, da
mußte auch die arme Blume welken und vergehn.

Die Umgestaltung, welche Goethe mit dem historischen Egmont zum Zwecke seines Dramas vorgenommen hat, kann uns hier im Grunde gleichgiltig sein. In sehr wesentlichen Zügen ist der Dichter dem historischen Vorbilde treu geblieben. Goethe's Egmont ist allerdings kein politischer Held, er ist nicht einmal ein Charakter von relativer Größe. Beides war aber auch der historische Egmont nicht. Egmont war mit den angenehmsten menschlichen Eigenschaften ausgestattet. Er war leutselig, offen, und unbedachtsam, weit entfernt von Demagogie; ja, wäre er mindestens etwas mehr politischer Charakter gewesen, so hätte er gewiß selbst sein tragisches Ende von sich abzuwenden gewußt. Egmont war ein liebenswürdiger Aristokrat, aber immer ein Aristokrat und Royalist im Grunde seines Herzens, er nannte sich selbst, und gewiß ohne Heuchelei, noch in den letzten Augenblicken vor seinem Tode, des Königs treusten Diener. Zum Lieblinge des Volkes hatten ihn nur die Verhältnisse gemacht. Er war auch ein Freund des Volkes, weil er eben keines Menschen Feind war. Aus eben dem Grunde war er aber auch kein Feind Derer, die das niederländische Volk zu Boden drückten, kein Feind der fürstlichen Vertreter der Despotie. Darum fiel er auch mehr um dessentwillen, was das Volk und seine Freunde aus ihm machen wollten, als um dessentwillen, was er wirklich war. Der König vernichtete in ihm nicht einen Gegner, sondern nur den Stoff, den seine Gegner gegen ihn benutzen konnten und wollten.

So wie ihn also nur die Verhältnisse zum Liebling des Volkes gemacht hatten, so hatten auch nur die Verhältnisse, so hatte ihn nur sein tragisches, beklagenswerthes Ende zum Märtyrer gemacht; er selbst hat wahrlich nichts dazu gethan, um sich diesen Heiligenschein des Märtyrerthums zu verdienen. Um seiner rein menschlichen Vorzüge willen mag sein Tod uns rühren, aber er hat nichts Heroisches. Egmont ist in mehrfacher Hinsicht nicht der Mann, um sich einer brutalen Despotie für die Rechte der Freiheit entgegen zu stellen. Egmont war Aristokrat genug, um mit dem Glanze des Hofes sich zu amüsiren, er war Aristokrat genug, um auf monarchische Gnadenbezeigungen großes Gewicht zu legen; er war Aristokrat genug, um in eitler Verblendung an eines Fürsten, eines Königs Ungerechtigkeit zu zweifeln. Und das eben stürzte ihn. Er ging nicht unter um das, was er that, sondern um das, was er nicht that.

Goethe hat im Interesse seines dramatischen Helden mehr die Vorzüge seines rein=menschlichen Gemüthes, als seinen schwachen politischen Charakter in's Auge gefaßt. Weil Egmont kein großer politischer Charakter war, deshalb konnte der Dichter ihn weniger in seiner staatsmännischen Wirksamkeit aufsuchen, als vielmehr in den engern Kreisen seines rein menschlichen Daseins. Und wie vollendet ist Egmont grade in diesen

Scenen geschildert, zu welchen gleich das lange Zwiege=
spräch mit seinem Schreiber Richard zu zählen ist.

Dieser humane und leutselige, aber auch leichtfertige,
dieser vertrauungsvolle, aber auch unmännliche Charakter
kann deshalb überall da, wo wir ernstere Forderungen an
ihn zu stellen haben, uns nicht befriedigen. Wir können
es dem Manne, den die Geschichte zu einer Mission be=
rufen, nicht verzeihen, daß er aus Entherzigkeit und aus
Bequemlichkeit diese Aufgabe nicht beachten will, daß er
z. B. nach der wichtigen Unterredung mit Oranien nichts
weiter zu thun weiß, als von seiner Stirn „durch ein
freundlich Mittel die sinnenden Runzeln wegzubaden."

Wir haben grade diesen Punkt wegen der Beziehung
zu Clärchen besonders zu beachten. Diese hübschen
Worte zeigen uns nicht nur, wie unfähig, wie ungeeignet
Egmont zum Politiker war, sie zeigen uns nicht nur seine
bedauerliche Schwäche als Staatsmann, indem er nach
den Ermahnungen des Freundes in behaglicher Schlaff=
heit diese allzu begründeten Runzeln durch eine Schäfer=
stunde wegzubaden sucht, — nicht das allein: sie zeigen
uns auch das eigentliche Wesen seiner Liebe zu Clär=
chen! Es ist keine unauslöschliche Neigung, die das Glück
seines Daseins ausmacht, nein, diese Liebe ist ihm nur
ein „freundlich Mittel", sich ernster Sorgen zu entschla=
gen. Wie wahr, wie bezeichnend für den Charakter eines
Mannes wie Egmont, und welch bedeutungsvolles Motiv
für die tragische Katastrophe Clärchens!

4*

Ebenso bezeichnend für Egmonts Gesinnung, dem Weibe gegenüber, ist eine an seinen Schreiber gerichtete Aeußerung. Dieser zeigt ihm an, daß wieder Jemand von Breda's Compagnie heirathen wolle, und meint, Egmont würde das Gesuch abschlagen, da nach des Hauptmanns Bericht „schon so viele Weiber bei dem Haufen sind." Egmont sagt jedoch hierauf: „dem möge es noch hingehn, aber nun soll's Keinem mehr gestattet sein, so leid mir's thut, den armen Teufeln, die ohnedies geplagt genug sind, ihren besten Spaß zu versagen."

Wie tolerant, wie menschenfreundlich an dieser Stelle uns diese Worte den Helden auch erscheinen lassen, — wie bedenklich, wie trübe muß uns werden, wenn wir dabei an Clärchen denken!

Armes Mädchen! Was dir dein höchstes Glück, dein ganzes Leben ist, das nennt er, dein gräflicher Geliebter — einen Spaß, — wenn auch immerhin den besten Spaß.

Man wende hier nicht ein, daß Egmont dies ja nur auf die Sinnesart jener Soldaten meinen könne; o nein! Egmont ist zu wenig Menschenkenner, zu wenig Diplomat, um bei solchen Betrachtungen aus seiner Subjectivität heraus zu treten. Ein Mann von seinem Charakter, so offen, so leichtfertig und so vertrauungsvoll, pflegt die Menschen grade nur nach sich selbst zu beurtheilen.

Egmont's Liebenswürdigkeiten sind an ihm seine Fehler, seine Tugenden sind seine Schwächen.

Es gibt ganz namhafte Aesthetiker und Commenta= toren Goethe's, welche glauben, sie brächten dem Dichter großes Lob dar, wenn sie seinen Helden als ein vollen= detes Muster von Jugend, Geist und Größe darstellen und Alles erhaben, preiswürdig an ihm finden. Einer dieser scharfsinnigen Leute hat denn auch herausgefunden, daß grade Egmont durch seine Liebe zu dem bürgerli= chen Clärchen sich als Freund des Volkes zeige! — Je nun, was diese Liebe zu Clärchen dem leichtblütigen Egmont gilt, ist bereits geprüft und erwiesen. Man sollte wohl meinen, um Abends sich verstohlen, verhüllt und unerkannt, zu einem jungen reizenden Mädchen zu schlei= chen, dazu bedurfte es bei einem Cavalier, wie Egmont, grade keiner so großen „Liebe zum Volk"; ja grade dazu konnte Clärchen nie zu bürgerlich sein! *)

_____

*) Es ist dies einer von jenen Fällen, in denen grade die feinste Pointe des Dichters von allzu eifrigen Apologeten in das strikte Gegentheil umgedeutet wird. Es beweist dies aber auch zugleich, mit welcher Meisterschaft und Feinheit Goethe so delikate Punkte zu behandeln wußte. Der Dichter wußte wohl, er habe Egmont weder als doktrinären Freiheitshelden, noch als das Muster eines streng redlichen Charakters zu schil= dern, der nur seine und Andrer Rechte und Pflichten im Auge hat, sondern vielmehr als Menschen, der bei allen seinen an= genehmen Eigenschaften und schönen Regungen seines Herzens doch auch jenen Schwächen, die sein Rang und seine Lebens= verhältnisse genugsam erklären, unterworfen ist. Daß er ihn schließlich mit einem gewissen Heroismus des Märtyrerthums

Wenden wir uns jetzt zu dem eigentlichen Gegenstande
unsrer Betrachtungen. Es wäre grundfalsch, Clärchen
als das vollkommene Ideal eines liebenden Weibes zu
definiren. Grade der bei aller Zartheit der Behandlung
vorherrschende Realismus ist es, der uns in dieser Gestalt
so sehr entzückt. Wie Goethe überhaupt in seinen dra-
matisch=poetischen Gestalten keine Ideale, sondern wirk-
liche Menschen schildert, so ist dies grade in erhöhtem
Maße bei seinen weiblichen Gestalten der Fall. Mehr als
eine ideelle Schönheit des Charakters ist es daher
auch immer die Wahrheit desselben, die unsre lebhaften
Sympathien erweckt.

Treten wir ein in das bescheidene Zimmer, das uns
ärmlich erscheinen würde, wenn nicht Clärchens beleben-
der Athem ihm eine rührende Anmuth verliehe. Der
Dichter hat nichts, gar nichts von diesem Stübchen be-
schrieben, wir wissen aus seiner Angabe nur, daß wir in
einem Bürgerhause sind. Und doch sehen wir nach den
ersten Seiten schon das köstlichste, wahrste Bild vor uns,

ausstattet, und ihn wenigstens vor seinem Ende mit dem Nim-
bus des Freiheitshelden umhüllt, ist eine Concession für den
Abschluß der Tragödie.

was uns nur die genauste Beschreibung von einem Orte hätte vorstellen können. Wir sehn die alten massiven Möbel, wir sehn die mit recht viel Bilderchen behangenen Wände, das alte Fenster mit den rund eingefaßten Scheiben, wodurch Clärchens schnelle Blicke hinaus nach ihrem Egmont schweifen; wir sehn, wie alle sonstigen Gegenstände in diesem Zimmer hübsch zurecht gerückt sind, damit der hohe Gast, wenn er kommt, sie auch für ein recht „ordentliches Mädchen" halte, — wir sehn dies Alles, — denn, was in dem Zimmerchen gesprochen wird, ist so, daß es eben nur in einen solchen Rahmen paßt.

„Wollt ihr mir nicht das Garn halten, Brackenburg?" sagt sie zu dem Armen, der vielleicht grade trübe und sinnend nach dem Fenster geschaut. Er bittet, sie möge ihn verschonen. Ihre an Brackenburg gerichtete Bitte sprach sie mit unbefangener Freundlichkeit; sie sagt es, um ihn zu beschäftigen. Auf seine Weigerung ahnt sie wohl gleich, was ihn wieder quält. Nach kurzem Bedenken fährt sie fort: „Was habt ihr wieder? Warum versagt ihr mir diesen kleinen Liebesdienst?" Sie sieht ihn dabei nicht an, die kleine Heuchlerin, denn sie weiß sehr wohl, daß Brackenburg einen wirklichen Liebesdienst ihr gewiß nicht versagen würde. Aber er will ihren Augen ausweichen, und beim Garnhalten kann er das nicht.

In wie wenig Worten ist hier das ganze peinliche Verhältniß zwischen Beiden angedeutet. In der Art, wie Clärchen hier zu Brackenburg spricht, drückt sich gewiß

eine kleine Scheu gegen ihn aus. Wie könnte sie mit
völlig heiterer Offenheit und ermunternder Freundlichkeit
zu ihm reden? Daran hindert sie sein Unglück, und ihr
Glück. Sie gibt das Gespräch auf und nimmt die Zuflucht zum Gesange, zu ihrem „Leibstück", wie sie's nennt:

> „Die Trommel gerühret!
> Das Pfeifchen gespielt!
> Mein Liebster gewaffnet
> Dem Haufen befiehlt,
> Die Lanze hoch führet,
> Die Leute regieret.
> Wie klopft mir das Herze,
> Wie wallt mir das Blut!
> O hätt' ich ein Wämmslein,
> Und Hosen und Hut!"

Ihre begeisterte Verehrung und Liebe zu dem tapfern Krieger erfüllt sie selbst mit kriegerischem Muth. Und außerdem lassen diese exaltirten Wünsche uns die energische,
kräftige Natur des liebenden Mädchens erkennen. Das
Liebchen gibt ihr allen kindlichen, frischen Sinn wieder,
denn sie weiß wohl, wen sie sich dabei zu denken hat.
Grade umgekehrt wird Brackenburg nur schmerzlich dadurch bewegt. (Die Thränen kommen ihm in die Augen, er läßt den Strang fallen und geht ans Fenster.)
Clärchen singt das Lied allein aus, denn das Lied erfüllt
sie so ganz mit Lust, daß sie des Armen Schmerz dabei
nicht achtet, — bis ihr die Mutter einen Wink gibt. Sie

steht auf, geht einige Schritte nach ihm hin, kehrt halb
unschlüssig wieder um und setzt sich).

Hier spricht sie nichts und sagt doch unendlich viel!

Der Schall des Marsches auf der Straße ist ihr will=
kommene Gelegenheit, Brackenburg hinauszuschicken und
das Peinliche der Situation zu beenden; er soll draußen
sehn, was es gibt. Nach Brackenburg's Entfernung spricht
sie sich über ihre beklagenswerthe Lage deutlich zu ihrer
Mutter aus. Sie gesteht, daß seine Gegenwart ihr wehe
thu', daß sie nicht wisse, wie sie sich gegen ihn benehmen
soll. Sie sagt, sie habe Unrecht gegen ihn, und doch
nage sie's am Herzen, daß er es so lebendig fühlt. „Ich
bin übel dran. Weiß Gott, ich betrüg' ihn nicht. Ich
will nicht, daß er hoffen soll, und kann ihn doch nicht
verzweifeln lassen."

Klingt dies nicht eher, wie der Versuch einer Recht=
fertigung vor sich selbst, als wie eine Erklärung gegen
ihre Mutter?

Glücklich, sagt die Mutter, wärest du immer mit ihm
gewesen.

Ja, erwiedert Clärchen, „wäre versorgt und hätte
ein ruhiges Leben."

Dieser Begriff, den sie von der Ehe hat, ist für sie
und für ihr Geschick von Bedeutung. Sie verachtet
nicht die Ehe, wenn — mit besonderer Beziehung auf
Brackenburg — sie ihr auch nur als eine Versorgung
für das Leben erscheint. Sie wäre die Ehe mit Bracken=

burg gern eingegangen, wenn nicht die ihr ganzes Wesen
beherrschende Liebe zu Egmont es ihr unmöglich machte.
Die Begriffe aber der Liebe und der Ehe scheinen in
ihrem Sinne in gar keiner Beziehung zu einander zu
stehn. Sie betrachtet die Ehe nicht als die sittliche
Vollendung der Liebe, sondern als etwas von der Liebe
ganz Getrenntes. Und dieser Fehler in ihrer Anschauungsweise, der sich sowohl aus ihrer innersten Natur, wie aus ihrer Erziehung erklären läßt, macht sie
und Brackenburg unglücklich. Es spricht sich sonach
in ihren Worten „Wäre versorgt und hätte ein ruhiges
Leben" keineswegs Ironie aus, sondern nur ein gewisser
Unverstand, der in ihren sie umgebenden Verhältnissen
und in ihrem innersten Wesen begründet liegt. Der nur
sinnende, fast ausdruckslose Ton dieser Worte läßt uns
auch kaum errathen, ob der Verlust jener ruhigern Zeit
sie erfreut oder betrübt. Ohne aber dies selbst länger
erörtern zu können oder zu wollen, ruft sie, um wenigstens die Gegenwart zu genießen, sich schnell Egmont's
Bild vor die Seele.

Wenn sie so nachdenkt, wie es gegangen ist, so weiß
sie's wohl, und weiß es doch wieder nicht. Aber dann
darf sie nur Egmont wieder ansehn, so ist ihr Alles
begreiflich.

Egmont's Liebe erfüllt sie so, daß sie keine Lebens-
frage sonst für sich kennt, als diese. Aber ihre Liebe
ist auch so stark, daß sie sich dieselbe nicht denken kann

ohne die bestimmte, feste Ueberzeugung, von Egmont
ebenso geliebt zu werden, und hier blicken wir so recht
auf den Grund ihres Gemüthes.

Gehn wir aber auf die Zeit zurück, da Clärchen von
dieser Liebe noch nicht aus ihrer Ruhe gerissen war, suchen wir das Temperament dieses Mädchens zu erkennen
und wir werden es uns erklären können, aus welcher
Quelle sich nach und nach der mächtige Strom dieser
bis zum Heroismus sich steigernden Leidenschaft gestaltete.
Die Mutter charakterisirt sie sehr treffend in wenig Worten. Sie meint, sie sei immer so ein „Springinsfeld“
gewesen, „bald toll, bald nachdenklich.“ Solche
Charaktere aber pflegen, wenn sie einmal — was nicht
leicht bei ihnen kommt — von einer tiefern Leidenschaft
erfaßt sind, auch auf's allernachhaltigste und gefährlichste
davon ergriffen und erschüttert zu werden. Es ist, wie
wenn eine starke kräftige Natur physisch zusammenbricht,
der jähe Sturz ist dann um so gewaltiger. Aber zu ihr
tritt noch ein anderes Moment, das wir nicht übersehen
dürfen, das ist: weibliche Eitelkeit. Auch diese hören wir mitklingen aus dem Grundton ihres eigentlichen
Wesens.

Ihre Eitelkeit ist es, welche sie zu ihrem Unheil aus
der ihr angewiesenen Sphäre heraustrieb; ihre Eitelkeit
war es, welche ihre Blicke zuerst mit geheimen Wünschen,
mit ehrgeizigen Regungen an Egmont's glänzender Erscheinung haften ließ; der äußere Glanz war es, der zu-

erst ihr Herz irre leitete, denn er verlockte sie, noch ehe
aus dem Gesichtspunkte ihrer niedern Lebensverhältnisse
von eigentlicher Liebe zu Egmont die Rede sein konnte.

Mit Stolz ruft sie ihrer Mutter zu — halb wohl
auch sich selbst zur Genugthuung:

„Alle Provinzen beten ihn an, und ich in seinem
Arm sollte nicht das glücklichste Geschöpf der Welt
sein?"

Indem sie damit ihr ehrgeiziges Gemüth verräth, recht-
fertigt sie auch zugleich ihre Liebe zu Egmont, der von
so Vielen geliebt werde! — Wie sollte neben so glanz-
voller Erscheinung der arme bescheidene Brackenburg mit
seiner treuen Liebe zur Beachtung kommen können?

Auf der Mutter sorgliche Mahnung an die Zukunft
antwortet sie ohne Bekümmerniß:

„Ach, ich frage nur, ob er mich liebt; und ob
er mich liebt, ist das eine Frage?"

Die Mutter aber, von ihrem leidenschaftslosern Standpunkte, fühlt es hier, daß sich Clärchen unglücklich gemacht hat, und sie ruft der Verlornen dies Urtheil zu.
Aber hat die Mutter jetzt dazu ein Recht?

„Ihr ließet es doch im Anfang zu", sagt Clärchen,
theils wie ausweichend, theils um die Mutter selbst —
und das mit Recht — zu beschuldigen. „Wenn Egmont
vorbeiritt, und ich an's Fenster lief, schaltet ihr mich da?
Tratet ihr nicht selbst an's Fenster? Wenn er herauf

sah, lächelte, nickte, mich grüßte, war es euch zuwider? Fandet ihr euch nicht selbst in eurer Tochter geehrt?"

Und das war es. In diesen Worten liegt die Beschuldigung von Mutter und Tochter ausgesprochen, deren Eitelkeit sich durch die lächelnde Herablassung eines so vornehmen Herrn geschmeichelt fand.

In dieser Eitelkeit liegt nach jenen falschen Begriffen über die Ehe das zweite bedeutsame Motiv von Clärchen's tragischer Schuld.

Mit freudiger Rührung ruft sich Clärchen die Fortschritte von Egmont's erster Bekanntschaft in's Gedächtniß, indem sie zugleich dadurch die Vorwürfe der Mutter zurückzuweisen sucht. Wenn Egmont öfters die Straßen kam, wenn sie wohl fühlte, daß er um ihretwillen den Weg machte, wenn sie hinter den Scheiben stand und ihn erwartete! Ja — damals! Damals war noch das Unglück abzuwenden, und die Mutter, die gleichfalls in ihrer Eitelkeit so sehr geschmeichelte Mutter, dachte nicht, daß es so weit kommen sollte. Es kam aber schnell weiter, und Clärchen's Stimme stockt, sie hat Mühe die Thränen zurückzuhalten, da sie sich seines ersten Besuches erinnert, da er sie Abends „in den Mantel eingehüllt, bei der Lampe überraschte." Die Mutter, sagt Clärchen, war geschäftigt, ihn zu empfangen, während sie selbst wie angekettet und staunend sitzen blieb.

Und konnte die Mutter, so entschuldigt sich diese jetzt selbst, fürchten, daß diese Liebe das kluge Clärchen sobald hinreißen würde?

Ja, wo ist die Klugheit des klugen Clärchen's geblieben?

Brackenburg kommt zurück und nachdem er über die unruhige Stimmung in der Stadt Bericht erstattet, will er wieder gehn — zu seinem alten Vater. Clärchen hält ihn nicht, sie fragt nur leichthin — vielleicht ein wenig aus innerm Pflichtgefühl, vielleicht auch ein wenig erleichtert über sein Gehn: „Sieht man euch morgen?“ Wie wenig wichtig ihr aber Brackenburg's Antwort ist, ersieht man daraus, daß sie dieselbe gar nicht erwartet, denn sie fährt gleich fort, sie wolle sich ein wenig anziehn, wenn der Vetter kommt, sie sehe „gar zu lieberlich“ aus.

Sie versagt dem Brackenburg ihre Hand, da er sie darum bittet. Sie meint: „Wenn ihr wieder kommt“, und läßt ihn stehn in seinem Schmerz

Clärchen fühlt wohl hier richtig, daß mit diesem Handreichen dem Brackenburg doch wenig gedient sei, — sie bricht daher lieber kurz ab — und geht. Weshalb sollte sie auch durch dergleichen der Leidenschaft und den Wünschen des Unglücklichen stets neue Nahrung geben? Hat sie nicht vielleicht schon zu viel darin gethan? Brackenburg's folgendes Selbstgespräch gibt uns über das frühere Verhältniß der Beiden volle Klarheit.

Weil er sie schon besaß, muß der Verlust ihn

um so furchtbarer schmerzen; seine Gedanken hängen sich
daher mit Verzweiflung weniger an die Gegenwart, als
an die Vergangenheit, an die Zeiten, da sie ihn liebte,
ihn „zu lieben schien“.

Wir sehn sie wieder, voll unruhiger Bewegung, in
der Erwartung Egmont's. Ihre Seele ist ganz davon
erfüllt. Vergebens hält jetzt die Mutter ihr Bracken=
burg's herrliche Liebe vor, und daß er sie doch wohl noch
heirathen würde, wenn sie freundlicher mit ihm thäte.
Clärchen hört das kaum, und um auf das, was sie hört,
nicht antworten zu dürfen, singt sie, — und was
singt sie!

Freudvoll
Und leidvoll,
Gedankenvoll sein;
Hangen
Und bangen
In schwebender Pein;
Himmelhoch jauchzend
Zum Tode betrübt;
Glücklich allein
Ist die Seele, die liebt.

Liegt nicht in diesen wenigen Zeilen der volle Inhalt
eines liebenden Herzens vor uns wie eine Landschaft mit
ihren Thälern und Höhen, mit sonnigen grünen Wiesen,
mit rauschenden Wipfeln und kühlenden Strömen, mit
Sonnen=Auf= und Untergang!

Das Lied ist das köstlichste Präludium zu der gleich
darauf folgenden unvergleichlichen Scene mit Egmont.
Das Lied ist die verkündende Morgenröthe vor dem Auf=
gang ihrer Sonne.

Aber noch vorher trübt ihr die Mutter den heitern
Horizont durch sorgenvolle Wolken. Sie schilt ihr Kind
wegen der Zurückweisung des Brackenburg, und warnt
sie, es werde eine Zeit kommen, „wo man Gott dankt,
wenn man irgendwo unterkriechen kann.“

Clärchen aber steht da, ihre Liebe vertheidigend für
alle Fälle, zu jedem Kampfe um dies höchste Kleinod
fähig und bereit.

„Mutter“, ruft sie, „laßt die Zeit kommen, wie den
Tod. Dran vorzudenken, ist schrecklich! Und wenn er
kommt! Wenn wir müssen! Dann wollen wir uns ge=
bährden, wie wir können — Egmont — ich dich entbeh=
ren! — (in Thränen) nein! es ist nicht möglich, nicht
möglich!“

Je ernster und tiefer dieser Gedanke ihr ganzes We=
sen erschüttert, um so gewaltiger muß jetzt die Erschei=
nung des eintretenden Egmont auf sie wirken. Grade
in diesem Augenblicke ist er ihr eine himmlische Lichtge=
stalt, vor der sie mit einem Schrei zurückfährt.

Die nachfolgende Scene zeigt sie uns auf der Höhe
ihres sie berauschenden Glückes. Diese Stimmung zu er=
läutern, wäre mehr als überflüssig. Jedes hier hinein
sich drängende fremde Wort müßte nothwendig den reinen

Goldklang dieser Worte trüben. Sie preßt sich ihm an seine Brust. Sie wundert sich, daß er Appetit habe, da sie gar nicht so etwas fühlt, wenn er bei ihr ist. Sie schmollt, da er so kalt dasteht bei ihrer stürmischen Bewegung; ja, sie stampft mit dem Fuße, die kleine energische Person, da er ihr noch keinen Kuß angeboten hat, weil er seine Hände braucht, sich zu verhüllen. Und nun ihre Betäubung, da er den Mantel abwirft, und in strahlendem spanischen Kleide vor ihr steht, was er ihr früher einmal versprochen; ihre kindliche Freude an allen herrlichen Einzelheiten seines Staatskleides, des goldnen Bließes und seiner ihn ehrenden so hohen Bedeutung; ihr angelegentliches Forschen nach der Regentin und seiner Stellung zu ihr — in allen diesen herrlich geschilderten Zügen sehn wir den treusten feinsten Abdruck eines weiblichen und liebenden Herzens. Sie begreift es kaum, daß er, der große Graf Egmont hier so einfach und liebevoll mit ihr, dem armen Mädchen, plaudern kann; und in der That zeigt sich hier Egmont's menschliche Liebenswürdigkeit in so herzgewinnender Weise, daß wir Clärchen und ihren schönen Wahn wohl begreifen. Im Gefühle höchster Seligkeit schließt sie diese Scene mit dem Ausdruck überströmenden Gefühls: So laß mich sterben! die Welt hat keine Freuden auf diese!

Mit diesem Tone aus der Fülle des Glücks ist auch zugleich die ganze Schwere ihres Unglücks für uns

Genée, R. Frauenkranz.   5

ausgesprochen, denn die Welt hatte für sie keine Freuden mehr auf diese.

Wenn wir bei der Analyse dieses Charakters nach
der ausführlichen Behandlung der ersten Scenen Clärchen's, bei denen es darauf ankam, mit Sorgfalt das
Fundament zu prüfen, das diese Gestalt trägt, wenn wir
hiernach uns bei dem Schlußgange ihres Geschickes kür-
zer fassen können, so geschieht dies, weil dabei nichts
Wesentliches in ihrer Charakteristik übergangen wird.

Egmont ist durch Herzog Alba verhaftet und zum
Tode verurtheilt.

Jetzt sehn wir, wie die recht eigentliche innere Natur
Clärchen's sich mit ganzer Energie entwickelt.

Sie eilt auf die Straße, in der Dämmerungsstunde,
um durch Hülfe des Volkes, das ja an Egmont mit gleicher Liebe hängt, wie sie, ihn zu befreien. Mit völliger
Gewißheit setzt sie voraus, daß jetzt auch Jeder so fühlen
müsse, wie sie. Aber ihre eindringlichsten Reden, mit
denen sie das Volk an Egmont's Verdienste, und an den
Jubel, mit dem sie ihn Alle sonst begrüßten, erinnert,
alle ihre bis zur Verzweiflung angespannten Bemühun-
gen scheitern an der Trägheit und Feigheit des einst so
tapfer bramarbasirenden Volkes, sie bleibt allein und un-
verstanden in ihrer Liebe und in ihrem Schmerze.

Mit der Gewißheit der Hoffnungslosigkeit ist sie endlich resignirt, aber indem sie auf ihn verzichtet, ist sie
auch zugleich wegen ihres eignen Todes einig mit sich.

Ihre größte Verzweiflung ist, daß er gefangen ist, und
sie frei, ohne daß sie ihm helfen könne. „Ist dies die
Welt", ruft sie, da sie allein ist, „von deren Wankel=
muth, Unzuverlässigkeit ich viel gehört und nichts em=
pfunden habe? Ist dies die Welt?" — In ihrem
Glücke sah sie das Glück der Welt, in Egmont's Tod
sieht sie den Jammer der Erde, und sie beklagt die Ar=
men, die ohne ihn zu leben sich noch getrauen. Das
nur ist ihr Trost, das sie es nicht kann. Sie scheidet
voll Rührung von Brackenburg wie von ihrem Bruder
und leert das Giftfläschchen, daß sie diesem einst scher=
zend wegnahm, wenn er ihr mit seinem Tode drohte.

Ein kleiner Zug Egmont's mag den Unterschied zwi=
schen Clärchen's Liebe und der seinigen bezeichnen. Im
Kerker, kurz vor seinem Tode, denkt er an Clärchen. Dem
jungen Sohne Alba's, der sein Herz ihm entgegenbringt,
theilt er seine Liebe zu Clärchen mit. Er sagt bedeu=
tungsvoll: „Du wirst sie nicht verachten, weil sie mein
war. Nun ich sie dir empfehle, sterb' ich ruhig. Du
bist ein edler Mann, ein Weib, das den findet, ist ge=
borgen."

Egmont beweist hiermit nicht allein auf's Neue die en=
gen Grenzen seiner Liebe zu Clärchen, er zeigt auch damit,
wie wenig er Clärchen, ihre Liebe und ihre Größe
kannte. Er überweist sie einem Andern, während sie
für ihn in den Tod geht.

Mag Egmont von seinem Standpunkte aus nicht eben

5*

allzu streng zu beurtheilen sein, wir haben aber auch im Interesse Clärchen's ein Recht und eine Pflicht, mit Bewußtsein eben diesen Standpunkt zu beachten und festzuhalten.

Aus allem Gesagten wird man erkannt haben, daß unsre Theilnahme mehr dem Untergange Clärchen's als dem Egmont's zugewandt sein muß. Egmont fällt als ein Opfer seines Vertrauens, Clärchen als ein Opfer ihrer rücksichtslosen, unbegrenzten Liebe. Beiden werden ihre Tugenden zu Schwächen, weil sie sich von ihnen beherrschen lassen, statt mit ihnen auf gleicher Höhe zu stehn, statt auch nur einen Versuch zu machen, sich mit den äußern Verhältnissen, oder die Verhältnisse mit sich in Uebereinstimmung zu bringen. Clärchen's Schwäche aber ist im eigentlichen Wesen des Weibes begründet, und deshalb ist ihre Schuld geringer und ihr Untergang tragischer.

Maria.

Maria.

Das Weib kann heroisch im Dulden werden, wie im Handeln. Die zum Heroismus gesteigerte Dulderin, wie sie zum Beispiel in Gretchen erschöpfend repräsentirt ist, oder das Weib, welches, wie Emilia Galotti, zu einer That des Heroismus schreitet, sie werden Beide uns zu einer leidenschaftlichern Theilnahme hinreißen können, als das in bescheidenerm und beschränkterem Kreise lebende Weib, dessen Natur weder für große äußere Conflicte, noch für ein schweres Durchkämpfen feindlicher Leidenschaften geartet ist, und welches dennoch in stiller Weise und in mäßigern Dimensionen einen Beruf erfüllt, wie er grade durch Verhältnisse des Lebens oft in unerbittlicher Weise vom Weib gefordert wird. Es gibt eine Art von Passivität, welche folgenreicher für das Geschick Anderer werden kann, als die durch Leidenschaft zur Leidenschaft erregenden Handlungen, welche unsre Aufmerksamkeit und Spannung stärker herausfordern.

Es gibt einen hohen Beruf des Weibes, welcher, in richtiger Weise erfüllt, weniger reizt und blendet, aber welcher dennoch in seiner stillen Wirksamkeit eine hohe Beachtung verdient.

Maria ist ein Charaktergemälde, das keine psychologischen Räthsel bietet. Sie ist keine Heldin, kein großer Charakter, keine besonders leidenschaftliche Natur; aber wenn wir das still verborgene Veilchen an's Licht bringen, und ihm die Beachtung schenken, die es verdient, so wird sein Reiz und seine einfache Lieblichkeit uns um so mehr entzücken, jemehr wir eben in so bescheidener Hülle jene hohe Mission erkennen, mit welcher das Weib in stiller Unterwürfigkeit eine Aufgabe erfüllt, welche als die schönste, edelste des Lebens mit dem Danke inniger Rührung anzuerkennen ist. Es ist die Aufgabe, zu dulden, und durch stille Duldung zu trösten, zu lindern, zu versöhnen.

Dieser versöhnende und verschönende Sinn des Weibes ist uns in Maria (in Goethe's „Götz von Berlichingen") mit wenigen einfachen Zügen zur Anschauung gebracht.

Maria's ganzer Sinn strebt nach dem Glücke stiller Häuslichkeit. Schon ihr erstes Erscheinen läßt uns ihre Natur klar erkennen. Sie beschäftigt sich mit Sorgfalt damit, den kleinen Carl, das Kind ihres ritterlichen Bruders, zu examiniren. Schon diese liebevolle Beschäftigung mit dem nicht eben sehr gelehrigen Knaben ist charakteristisch und sie gibt außerdem Gelegenheit, den Unter-

schied zu erkennen, der zwischen dem Charakter der Maria und dem ihrer Schwägerin, der härter zusammenge-
fügten Elisabeth, obwaltet. Der Knabe wird von dieser
gescholten, daß er sich vor dem Wald und vor Heren
fürchte und ein schlechter Ritter werden würde. Aber
Maria ermuntert ihn in seinem weichlichen Sinn; er
möge nur auf seinem Schloß einmal als ein frommer
christlicher Ritter nur dem Wohlthun leben und den Streif-
zügen gern entsagen.

Sie sprechen von Weislingen, mit welchem Götz in
Fehde gerathen ist, die grade ausgefochten wird. Während Elisabeth die an Götz verübte Treulosigkeit des Weislingen schlechtweg verurtheilt, sucht Maria ihn vielmehr
zu entschuldigen, vorläufig nur deßhalb, weil er und ihr
Bruder dereinst als Edelknaben Freunde waren, und ihr
Bruder selber einst so viel Liebes und Gutes von ihm
zu erzählen wußte. Und daß die einstigen Jugendfreunde
jetzt mit den Waffen feindlich sich gegenüber stehn, ist ihr
ein trauriger Gedanke.

Es kommt die Nachricht, daß Götz den Weislingen
zum Gefangenen gemacht habe und ihn nach der Burg
führe. Maria nimmt sogleich den sorglichsten Antheil
an des Gefangenen Schicksal, nicht wegen seiner Person,
sondern weil er überhaupt jetzt ein Unglücklicher ist, der
des Mitleids bedarf.

Weislingen tritt nun als Gefangener in Götzens Haus,
der ihn schonend und liebevoll behandelt. Hat aber bis-

her Maria nur Theilnahme für den Unglücklichen ge-
fühlt, so fühlt sie jetzt Interesse für seine Persönlichkeit.

Die Hinneigung Maria's zu Weislingen ist erklärlich.
Ihre Naturen haben etwas Verwandtes; ihr eigener mil-
der Sinn muß sich von seinen feinen Umgangsformen an-
genehm berührt fühlen, und die Neigung ward eine ge-
genseitige. Ihr Verhalten seiner Liebeswerbung gegenüber ist wiederum ganz ihrer innersten Natur entsprechend.
Sie hat ihm nur einen Kuß „zum Gottespfennig" gewährt, und schlägt ihm Weiteres mit dem Bemerken ab,
daß Liebkosungen gefährlich seien, weil sie das Weib fesseln und schwach machen. Wir sehn, ihre Liebe ist ein
stilles Flämmchen, das sie wohl hüten kann, ja sie ist
ruhig genug, seinem dringlichen Betreiben der gewünschten Verbindung entgegen zu halten, daß auch der Aufschub seine Freuden habe; aber „ein bischen eng", meint
sie, würde es ihr doch werden, wenn er jetzt wieder von
hinnen ginge, und sie hofft, daß es ihm auch so sein
müsse.

Aber auch ihr frommer Sinn würde ihre Leidenschaft der Liebe, selbst wenn diese stärker in ihr wäre,
in gewissen mäßigen Grenzen halten. Diese durchaus
wahre Frömmigkeit, welche in ihrem milden Wesen einen
freundlichen Grund bildet, gibt dabei ihrem ganzen Verhalten etwas Klares, Gemessenes. Bis in ihr sechszehn-
tes Jahr lebte sie im Kloster bei einer Aebtissin, die eine
vortreffliche Frau war, und die, weil sie selbst geliebt

hatte, ihrem Zögling weise Lehren und Winke ertheilen konnte.

So sehn wir die fromme, liebevolle, echt deutsche Jungfrau in jedem Zuge vor uns; die keusche zarte Blume schüchtern um sich blickend auf dem Boden harter blutiger Kämpfe.

Das, was ihr nach stillem Glück und Frieden sich sehnendes Gemüth begehrte, es sollte ihr nicht beschieden werden. Das grausame Recht der Waffen sollte bald den stillen Glockenton häuslichen Glückes übertönen.

Zunächst aber ist es Weislingens Untreue, die sie zu überstehen hat. Der weichliche, eitle und schwache Edelmann unterliegt den Verlockungen des ihm schmeichelnden Hofes und der verführerischen Adelheid, die es sich aus Laune vorgesetzt hat, den flüchtigen Vogel einzufangen und ihn ihrer Schönheit und Tücke dienstbar zu machen. Weislingen ging in das ihm gelegte Garn und läßt Maria vergeblich seiner Rückkehr harren. Sie verjammert und verbetet ihr Leben. Der wenig leidenschaftliche Ausdruck ihrer Liebe, wie wir sie kennen lernten, darf uns nicht etwa glauben machen, daß sie bei dem schweren Verluste weniger tief und schmerzlich fühlt. Jedenfalls hatte sie gehofft, in Weislingen's Liebe ihr ganzes Lebensglück gefunden zu haben, und ein so schreckliches Erwachen aus dem nur kurzen Traum mußte wohl ihr Innerstes tief und schmerzlich berühren, ja für alle Zeit ihrem empfindsamen Herzen einen Riß geben.

Aber ihre ganze Natur ist so biegsam, daß auch in diesem schlimmen Falle Trost und Linderung wohl zu erwarten steht. Der männliche Franz von Sickingen fühlt sich durch das stille und schlichte Wesen Maria's angezogen und er bittet Götz, ihm die Schwester anzuvertrauen. Götz hält sich verpflichtet, dem Sickingen die Bitte abzuschlagen, indem er ihm als Hemmniß die Begebenheit mit Weislingen und dessen Verrath berichtet.

Die so reine, klare und männliche Natur Sickingen's achtet aber dessen nicht viel. Soll darum, sagt er, das arme Mädchen in ein Kloster gehn, weil der erste Mann, den sie kannte, ein Nichtswürdiger war?

Aber sie war nicht gleichgiltig gegen ihn, meint Götz. Auch das ist für Sickingen kein Grund, zurückzustehn, da er sich wohl zutraun darf, den Schatten eines Elenden verjagen zu können.

Und grade bei Maria's so reinem und einfachen Wesen durfte Sickingen dies Vertrauen hegen. Ohne Zagen und voll herzlicher Liebe bringt er selbst seine Bewerbung bei ihr an. „Sie war etwas bestürzt", sagt er, da er dem Götz über den Erfolg berichtet, „sie sah mich vom Kopf bis auf die Füße an" — aber, fügt er hinzu — „bei Mädchen, die durch Liebesunglück geheizt sind, wird ein Heirathsvorschlag bald gar."

Sie reicht dem Braven ihre Hand. Sie thut es und sie kann es thun, weil sie eben gar keinen Grund hat, sie einem so trefflichen Manne zu verweigern. Auch hier,

in dieser Wendung, sehn wir in ihr das Mildernde, Ver=
söhnende, und zwar in Bezug auf ihr eigenes Geschick.

Aber eine härtere Prüfung blieb ihr noch vorbehal=
ten. Der schwache Weislingen ist ganz in die dämonische
Gewalt der Adelheid gebracht, deren ganzes leidenschaft=
liches Streben, im schroffen Gegensatze zu Maria, darauf
hinausgeht, zu zerstören. Sie hat diesen Zweck bei
Weislingen schrecklich erreicht. Seine Kraft und seinen
ganzen Willen hat sie gebrochen, jetzt ist sie seiner über=
drüssig und sehnt sich nach neuen Opfern. Aber Weis=
lingen ist ihr Gatte geworden, und sie findet sich genö=
thigt, den ihr Lästigen aus dem Weg zu schaffen. Sie
bedient sich gegen ihr erstes Opfer dabei eines zweiten,
des Pagen Franz.

Unterdessen aber ist auch über den edeln Götz großes
Unglück gekommen. Durch Verleumdung und durch die
Bosheit Andrer ist er zum Rebellen gegen den Kaiser
geworden. Aber nach und nach erlahmen seine Kräfte.
Er ist überwältigt worden und gefangen und soll als Auf=
rührer dem Tod verfallen sein.

Jetzt sehn wir Maria auf der Höhe ihres Berufes;
die liebende Trösterin und Helferin entschließt sich, zu
dem Manne hinzugehn, der ihre herzliche Liebe mit Ver=
rath belohnt hat, und in dessen Hand jetzt das Todes=
urtheil ihres gefangenen Bruders liegt! Maria geht zu
Weislingen, um ihres Bruders Leben von ihm zu er=
flehen. Sie thut den schweren und schmerzlichen Schritt,

weil sie geboren ist, zu lieben, zu dulden und zu vergeben.

Weislingen liegt im Sterben, vergiftet von seinem Weibe, und Maria erscheint ihm zuerst wie ein mahnendes Gespenst. Sein ganzes Elend tritt uns in den lebhaftesten Farben vor das Auge, und sein Elend ist so groß, daß es die weichgeschaffene Maria, die selbst als Hilfestebende, aber auch als tief Gekränkte zu ihm kommt, auf's Tiefste erschüttern muß. „Wie liebt ich ihn, und nun ich ihm nahe, fühl ich wie lebhaft!" — das ist das ganze rührende Geständniß, das sie sich bei dem für sie so schrecklichen Wiedersehn selber macht. Sie fühlt nicht, wie furchtbar er sie beleidigte, sie fühlt nur, wie sehr sie ihn liebte. Und sie grade, deren Liebe er so grausam lohnte, sie ist in seiner Todesnoth seine einzige Trösterin.

Weislingen zerreißt das Urtheil, das Götz zum Tode verdammt, aber nun hat sich Maria's Liebe zu theilen, indem sie ihren Bruder zu retten und den unglücklichen Weislingen zu trösten hat. So sehr auch ihr Herz von seinem Anblick gefoltert wird, so will sie dennoch bei ihm bleiben, will ihm Muth und Trost einsprechen, will ihm vergeben, was er ihr gethan, und für ihn beten.

So bleibt sie an seiner Seite, bis der Tod ihn in seine Arme schließt.

Und noch einmal, zum Schlusse, sehn wir sie helfend und tröstend bei ihrem sterbenden geliebten Bruder,

der, wenn auch von dem ihm zugedachten schmachvollen Tode durch Maria's aufopfernden Muth befreit, nun doch — durch Krankheit und tiefen Gram niedergebeugt — in den Armen seiner Lieben aus dem schmerzvollen Kampfe seines Lebens scheidet.

Maria ist es hier wieder, die dem edeln Manne Trost zu spenden sucht, wie vorher dem von Reue gemarterten Verräther.

„O Gott! was sind die Hoffnungen dieser Erde!" mit dieser stillen Klage nur erfüllt sie ihre letzte Pflicht.

So erblicken wir vom Anfang bis zum Schlusse der Tragödie in Maria die barmherzige Schwester. Sie erfüllt diesen hohen Beruf, ohne durch ein Gelübde sich dazu verbunden zu haben, ohne daß von sonst Jemand ihr Pflichten vorgeschrieben sind, als allein von ihrem weichen, liebevollen Herzen. Trotz der in ihrem Wesen scheinbar vorherrschenden Passivität sehn wir, wie bei ihrem liebevollen Gemüthe Maria in dieser Weise den reinsten Beruf des Weibes erfüllt, jenen Beruf, der das untergeordnete Geschlecht sittlich weit über den Mann erhebt.

Fragen wir nun, ob Maria's Handlungsweise nicht vielleicht mehr durch die Schwachheit ihres Herzens, als durch die Kraft rein menschlicher Liebe bedingt wird, so müssen wir uns auch darin für die ihrem Werthe gün= stige Annahme erklären. Maria ist allerdings, wie wir sie kennen gelernt haben, eine weiche Natur, — aber

keine Schwäche wohnt in ihr, sobald es eine gute Handlung gilt. Das beweist sie hinlänglich, da sie die Kraft
gewinnt, zu Weislingen, zu dem Manne, der sie am tief=
sten und nachhaltigsten in ihrem Leben verletzt hat, ohne
Zögern hinzueilen, um von ihm das Leben ihres Bruders zu erbitten. In diesem bedeutsamen Schritte beweist
Maria eine moralische Stärke, welche alle Thatkraft und
Energie des sie umgebenden Ritterthums hinter sich läßt.

Diese isolirte Stellung Maria's, inmitten rauher kriegerischer Gestalten, hebt ihre liebliche Natur um so schö=
ner in den Vordergrund. Grade aber bei dieser Ver-
einsamung ihres so zarten, weichen Gemüthes drängt ihr
Herz um so lebhafter sich dem einzigen Manne entgegen,
in dessen weicher Natur und feiner Beschaffenheit sie zu
spät erst Unmännlichkeit und Unverlässigkeit erkennen
mußte. Nach dieser trüben Erfahrung konnte sie wohl
hoffen, Trost an Sickingen's redlichem Herzen zu finden,
wenn auch keine tiefere Neigung Antheil daran hat, und
wenn auch freilich weiterdrängende kriegerische Ereignisse
und Gefahren sie nicht die gehoffte Ruhe finden ließen.

So, auf dem finstern Grunde rauher Kämpfe und
Gewaltsamkeiten, erscheint uns diese milde Trösterin wie
ein liebliches deutsches Marienbild des Meister Holbein,
so rein, so keusch und liebevoll.

Thusnelda.

Genée, R. Frauenkranz.

Thusnelda *).

———

Das Weib Hermann Armin's, Thusnelda, ist, wie sie hier vor uns erscheint, viel weniger die Repräsentantin einer Charaktergattung, als es die andern Gestalten die=

———

*) Bei Vorführung dieser, der „Hermannsschlacht" von H. Kleist entlehnten, herrlichen Gestalt, ist eine ausführliche Mittheilung des Inhalts der Scenen, in welchen wir sie kennen lernen, um so nöthiger, als leider das Drama selbst, trotz wiederholter Versuche, es dem deutschen Theater dauernd ein= zuverleiben, auch selbst in den literarisch gebildeten Kreisen viel zu wenig bekannt ist. Kleist schrieb das Drama in der Zeit, da Deutschland unter dem schwersten Drucke der Franzosen= herrschaft seufzte, und es lag daher nahe, daß die „Hermanns= schlacht" ein politisches Tendenzdrama im entschiedensten, aber auch im besten Sinne wurde. Das naturwüchsige, ganz selbst= ständige Talent des Dichters hielt sich hierbei nicht für ver= bunden, an die verschwommenen Traditionen anzuknüpfen, nach welchen, mit Klopstock's Hülfe, Hermann und seine Deutschen zu idealischen und unhaltbaren Luftgestalten geworden sind.

6 *

ſes Frauenkranzes ſind. Abgeſehn von dem hier ganz
unberückſichtigt gebliebenen Hiſtoriſchen dieſer Thusnelda,
iſt ſie zwar eine ſchärfer begrenzte, ganz beſtimmte Individualität, bei welcher aber dennoch das ethiſche Motiv
ſo ſchlagend und in Beziehung auf das beſonders Weibliche ſo wahr zum treffendſten Ausdruck gebracht iſt, daß

Kleiſt ſchuf Menſchen von Fleiſch und Blut, und ſo originell,
ſo ſelbſtſtändig Hermann der Cheruskerfürſt vor uns ſteht, bei
all ſeiner Verſchlagenheit ein Mann voll Geſundheit und Thatkraft, ſo entſpricht auch Thusnelda den höchſten Forderungen, die wir an die dramatiſche Poeſie zu ſtellen haben.

Die Schärfe, mit welcher der Dichter allen kleinlichen Ha-
der unter den deutſchen Fürſten geißelt, erhält als Gegenge-
wicht einen frohen, freudigen Muth, der das Ganze prophetiſch
durchweht, und Hermann ſelbſt repräſentirt die eindringliche
Lehre, daß, wo ſich's um Beſtehen oder Nichtbeſtehen handelt,
ein Volk dem ränkevollen und ſchlauen Feinde gegenüber nicht
den ehrlichen Bärenhäuter ſpielen darf, ſondern auch die Waffen der Schlauheit für ſich gebrauchen ſoll. Dies die politiſche
Tendenz.

Was aber den poetiſchen Werth dieſes Dramas betrifft,
ſo kann wohl Thusnelda als die ſtrahlendſte Perle darin bewundert werden. Dieſe Thusnelda iſt keine auf dem Kothurn
ſtolz einherſchreitende und pomphaft über das deutſche Vater-
land beklamirende Heldin, wie wir ſie aus andern Dichtungen
kennen, ſondern ein ſchlichtes, derbes, deutſches Weib, und
wer den darin herrſchenden ſtarken Realismus zu ſchätzen fähig
iſt, wird dieſe Geſtalt auch dem Schönſten beizählen müſſen,
was die deutſche Poeſie geſchaffen hat.

eben dadurch diese poetische Schöpfung auch ein rein menschliches Interesse und viel weitere Grenzen, als die eines blos historischen Portraits, gewinnt.

Es gibt allgemein menschliche Eigenschaften, welche unter dem Einfluß äußerer Verhältnisse einigermaßen modificirt oder verhüllt sich geltend machen; ganz besonders sind die verschiedenen Cultur-Grade oder Eigenthümlichkeiten der Nationalität dabei in Berücksichtigung zu ziehen. Trotz alledem aber können sie in ihrer innersten Bedeutung und Triebkraft unter allen Verhältnissen die ursprüngliche Gleichartigkeit erkennen lassen.

Ein wesentliches Moment in fast allen hier entwickelten Charakteren tritt uns bei der gegenwärtigen, so ganz anders geformten Gestalt der Thusnelda, bei diesem urkräftigen, rauhen und naturwüchsigen deutschen Weibe, in so ganz neuer und bedeutsamer Weise entgegen, daß auch die Consequenzen des dadurch herbeigeführten Conflictes uns einen durchaus neuen Maßstab für die Beurtheilung aufnöthigen.

Von der politischen Handlung des Dramas haben wir nur wenig anzudeuten, um diese in so üppigen Farben heraustretende weibliche Gestalt in der ganzen Entwickelung ihres innersten Wesens Zug für Zug kennen zu lernen.

Während die deutschen Fürsten, der Katten, der Marsen u. s. w. über die Gefahr, welche dem gemeinsamen Vaterlande von Seiten Roms droht, berathschlagen, und nicht zu einer Einigkeit gelangen können, da persönliche Interessen sie von einander getrennt halten, ergötzt sich Hermann der Cheruskerfürst sorglosen Muths damit, den Hirsch und den Ur zu erjagen.

Thusnelda, die schöne Amazone, umschwärmt von schmeichlerischen Römern, von dem Legaten Bentibius und Andern, geräth auf der Jagd in Gefahr. Ihr schöner kräftiger Arm entsendet einen Pfeil, der tief in des Uren Hals dringt, als dieser wüthend sich aufrafft, um seine Waffen, seine Hörner, noch einmal im Todesfalle zu gebrauchen. Bentibius aber, der römische Legat, gibt ihm mit seinem Schwert den Todesstoß. Der halbe Ruhm, den der Römer hierbei erndtete, wird gastfreundlich von Hermann und den Seinen durch übertriebenes Lob gemehrt; man preist ihn als Thusnelda's muthigen Erretter, wiewohl er selber ganz nur in Entzücken für das deutsche Heldenweib versunken scheint und ihren Muth bewundert.

Was sollt' ich fürchten, sagt sie halb im Scherz und halb aus Höflichkeit gegen den edlen Gast, so lang Bentibius mir zur Seite stand?

Gleichviel, wem hier ein größeres Lob für seinen Muth gebührt. Eine getheilte und überstandene Gefahr kettet stets die Gefährdeten näher aneinander und läßt auch für die Folge einen gewissen Grad von Sympathie zurück. Darauf bauend, ergreift der römische Legat freu-

dig die Gelegenheit, baldmöglichst wieder in Thusnelda's
Nähe zu gelangen.

Ventidius erscheint bald darauf, in seiner Eigenschaft als Legat Roms, vor Hermann's Thron zu Teuto-
burg, um dem Cheruskerfürsten eine geheime Botschaft
von Augustus, seinem Herrn, mitzutheilen. Aus dieser
Botschaft ist zu entnehmen, daß der römische Cäsar, um
Deutschland ganz sicher zu verderben, jedem der deutschen
Fürsten mit Hoffnungen schmeichelt, die ihn veranlassen
sollen, sich mit dem Römer zu verbinden. Mit dem Sue-
ven=Fürsten Marbod lebt Hermann seit lange in heftigem
Streite wegen Tributszahlungen, die Ersterer beansprucht.
Das benutzend, verspricht Augustus durch seines Legaten
Mund dem Hermann Bündniß und Hülfe gegen Marbod.
Der Streit und Krieg, so hofft Augustus, werde so zwi-
schen den deutschen Fürsten geschürt, damit sie, sich selber
unter einander bekämpfend, desto sicherer dem raubgierigen
Rom zur Beute werden. Drei römische Legionen, die
am Strom der Lippe harren, sollen auf einen Wink zu
Hermann's Diensten stehn, um dann nach wenig Tagen
an der Weser Marbod's Schaaren zu vernichten. Aber
nicht allein der Trieb der Selbsterhaltung soll Hermann
zu diesem Bündniß mit dem Feinde Deutschlands treiben,
auch sein Ehrgeiz wird erregt, indem Ventidius ihm im
Namen des Augustus mit dem Versprechen schmeichelt,
daß Roms Beherrscher an der Spitze der ganzen deut=

schen Länder nur einen Fürsten, wie Hermann, anerkennen würde, wenn dieser sich dem mächtigen Schuhe Roms
zuvor anvertrauen will.

Hermann's Entschluß ist jetzt gefaßt; der große
Augenblick ist da, in welchem er den arglistigen Feind in
seiner eignen Schlinge fangen kann. Mit Freuden wirft
er scheinbar sich, mit Thron und Reich, in des Römers
Arme, um nichts als ein Vasall zu des Augustus Füßen
zu sein. Ventidius aber, so wähnend, ihn getäuscht zu
haben, und im Grunde selber von Hermann's größerer
Schlauheit hintergangen, verläßt mit frohem Herzen Hermann's Zelt, um des Varus Schaaren von der Lippe ihm
herbeizuführen, und dann dem Augustus nach Rom das
Gelingen seines verrätherischen Plans zu melden.

Jetzt aber soll, auf Hermann's Wunsch, noch Thusnelba ein gleiches Spiel der Gegentäuschung mit Ventidius vollbringen, doch ohne daß Hermann von seinem
versteckten Willen ihm etwas verräth. Sie versteht nicht,
was er von ihr begehrt, da Hermann sie scherzend bittet,
dem Römer nur recht freundlich zu begegnen. Sie ahnt
nur, Hermann wolle ihn verhöhnen wegen des Kampfes
mit dem Ur, und das verdrießt Thusnelba, da, wie sie
meint, er doch wähnte, sie mit seinem Schwert zu retten. Doch Ventidius selbst, verblendet durch Thusnelba's
Güte, geht schneller in die Falle, als es Hermann nur
wünschen kann. Auf seine Kunst der Heuchelei und der
Verführung bauend, begibt der Legat sich in Thusnelba's

Zelt, um sie zu befragen, wie sie nach der erschreckenden
Gefahr bei jener letzten Jagd geschlummert habe. Nicht
eben gut, entgegnet ihm Thusnelda, sie sei die ganze Nacht
hindurch noch im Traume von der Gefahr erschreckt ge=
wesen, und, fügt sie dann ein wenig koquett, und um dem
so sehr besorgten Freund zu schmeicheln, hinzu, Hermann
habe scherzend ihr gesagt, daß sie mehrmals nach Venti=
dius gerufen habe.

Das zündet bei dem eiteln Römer, der in seinem über=
großen Selbstvertrauen wie ein Fuchs die Bären leicht
zu überlisten wähnt.

Voll Leidenschaft ergreift er ihre Hand und sinkt vor
ihr aufs Knie, indem er sein Entzücken ihr betheuert,
daß sie für ihn empfindet, sei es auch nur die Empfin=
dung des Dankes.

Thusnelda steht befremdet vor ihm, sie fragt ihn, was
er wolle, und bittet ihn, aufzustehn, wenn sie ihn länger
hören soll.

Nicht eher, ruft Ventidius, bis sie ihm ein Zeichen,
irgend ein greifbares Zeichen anvertraue, das er an die
Lippen pressen könne, sei's eine Schleife oder eine Locke.

Lächelnd staunt Thusnelda zum erstenmale solchen Aus=
druck schwärmerischer Liebe an, ungläubig fast, ob es ihm
Ernst sei, aber doch zugleich ihn gütig zur Besinnung
rufend.

Nein, eine Locke will Ventidius von dem Abgott
seiner Seele, eine Locke von diesem schönen goldnen Haar,

wie es von der Juno Scheiteln nicht in üppigern Wo=
gen zur Ferse niederwallt!

Thusnelda, ganz bestürzt von solchem Auftritt, kün=
det ihm mit züchtger Strenge an, daß sie ihre Frauen
rufen werde. Allein der Römer steigert seine Glut und
schwört, nicht eher sich von der Stelle zu erheben, bis
sie ihm den Wunsch erfüllt.

Die gesteigerte Leidenschaftlichkeit des Legaten bewirkt
aber nur, daß Thusnelda ihm um so mehr mit ihrer
ganzen imponirenden Frauenwürde sich entgegenstellt. Sie
erhebt sich und ruft nach ihren Dienerinnen. Da sie er=
scheinen, gebietet sie der Einen, ihre Kinder ihr zu holen,
die Andere aber solle bleiben.

Die Situation ist peinlich für Thusnelda; sie greift
nach einer Laute, und während sie sich vor ihm gesichert
glaubt, hat der Unverschämte plötzlich mit seinem Dolche
ihr eine Locke vom Haupt geschnitten.

Was hast du? ruft die Erschreckte, indem sie, unter=
brochen im Gesange, auffährt. Triumphirend drückt Ven=
tidius die Locke an seine Lippen, versichernd, daß selbst
der Tod ihn nicht von diesem Schatze trennen soll. Ver=
gebens ruft sie ihm entrüstet nach, daß er sie beleidige,
daß er ihr die Locke wiedergeben möge, — er eilt hin=
weg mit dem geraubten Kleinod. Hermann, der wohl
wußte, daß der römische Legat in dem Gemach Thusnel=
da's war, tritt zu ihr, und befragt sie nach der Ursache

ihrer ungewöhnlichen Erregung. Fast weinend vor In=
grimm über die erlittne Beleidigung fordert sie von ih=
rem Gatten mit der ganzen Empörung ihres beleidigten
Stolzes, daß er sie fernerhin mit den Besuchen „dieses
Römers" verschonen möge. Auf Hermann's Fragen nach
der Ursache, theilt sie ihm den Vorfall mit.

Mit recht inniger Freude vernimmt nun Hermann,
was geschehn ist, denn er will, daß der verblendet eitle
Römer immer sorgloser in's Garn ihm laufe. Zugleich
aber preist er lachend Thusnelba glücklich, daß Ventibius
ihr die andere Locken noch gelassen habe. Scherzend fährt
er fort, daß er's nicht hindern könne, wenn der Römer
käme, ihr den Scheitel kahl zu scheeren. Thusnelda ver=
steht noch nicht, worauf das deuten soll, denn von der
Lage des Vaterlandes ahnt sie nicht mehr, als ihr Her=
mann selber, der bis dahin ganz sorglos sich den Freu=
den des Lebens mit seinen römischen Gästen zu überlassen
schien, jemals anvertraut hat. Thusnelda kann ihn des=
halb nicht verstehn, wohl aber fordert sie nun wiederholt
von ihm mit strengstem Ernst, daß er sie jenem römischen
Jüngling gegenüber nicht ferner solch eine unwürdige Rolle
spielen lasse. Wenn du willst, ruft sie, bekämpf' ihn mit
Waffen des Betrugs, wo er mit Betrug dich reizet,

> Doch hier, wo unbesonnen sich' sein Herz
> Entfaltet, wünsch' ich, muß ich dir gestehn,
> Daß du auf offne Weise ihm begegnest,

Sag' kurz ihm, zwar bestimmt, doch ungehässig,
Daß seine kaiserliche Sendung
An dich und nicht an deine Gattin sei gerichtet.

Hermann's Scharfblick ist aber der Situation weit voraus und da er den ränkevollen Römer auch in Betreff
seiner Leidenschaft zu Thusnelda durchschaut, will er deren
Treuherzigkeit nicht länger durch jenes Frevlers Schmei-
chelworte gemißbraucht sehn. Er versucht es, mit Necken
und Lachen ihr den Wahn zu nehmen, daß Ventidius sie
wirklich liebe, „so, was ein Deutscher wahrhaft lieben
nennt, mit Ehrfurcht und mit Sehnsucht."

So sehr entrüstet aber Thusnelda auch durch den
Raub ihrer Locke ist, um so schwerer wird ihr's doch, zu
glauben, daß Ventidius sie nicht wahr und leidenschaftlich liebe. Ja, es schmerzt sie, daß sie es selber war, die
auf Hermann's Wunsch durch ihr so freundliches Wesen
die Leidenschaft in des Jünglings Herzen angefacht hat.
Wie sehr, trotz ihrer bewahrten Würde, doch durch des
Römers fortgesetzte Galanterien sie sich in ihrem Werth
gehoben und geschmeichelt fühlte, vernehmen wir erst jetzt
aus der Empfindlichkeit, mit der sie Hermann auf seine
rücksichtslose Schilderung der wahren Gesinnung des Ventibius nur kurz erwiedert: sein Römerhaß mache ihn ganz
blind! Ja blind sogar für ihre Schönheit, so können
wir uns diesen Vorwurf ergänzen, daß der ungalante
Gatte sie nicht fähig halten könne, den Römer durch ihrer
Reize Macht zu fesseln oder zu entzücken. Doch Hermann

Armin's Weib ist bei alledem rein und treu gesinnt, bei etwas ganz natürlicher Fraueneitelkeit kommt doch nicht der Gedanke eines Makels in ihr reines und festes Herz, drum will sie, nur aus Schonung für den „thörichten Jüngling", Hermann solle ihr versprechen, mit ihm für immer sie aus dem Spiel zu lassen. Und das verspricht ihr Hermann auch mit seinem Handschlag.

Sein ehrliches Weib des Weitern aufzuklären, behält sich Hermann für spätere Gelegenheit vor. Indessen hat er einen Boten an den deutschen Fürsten Marbod abgesandt, diesem den Plan zur Rettung des Vaterlandes mitzutheilen. Während Varus mit seinen Legionen in der Nacht nach dem Alraunentage den Teutoburger Wald betritt und Hermann ihm scheinbar als Verbündeter im Rücken steht, soll Marbod am gleichen Tage die Weser überschreiten, und so plötzlich, unverhofft, von beiden Seiten angegriffen, sollen die Römerschaaren vernichtet werden. Weil Hermann's Liebe zu seinem Vaterlande größer ist, als seine Herrschsucht, so beugt er im voraus sein Knie vor Marbod, um freudig ihn als Oberhaupt des Landes zu erkennen.

Während nun Hermann auf Marbod's Einverständniß zu diesem Unternehmen hofft, rücken schon die römischen Cohorten mit den Adlern heran, und indem Hermann sich bereit hält, Quintilius Varus, der Römer Feldherrn, freundschaftlich zu empfangen, laufen schon Gerüchte unter den deutschen Horden herum, von frevelhaften Handlungen, die da und dort ein Römer verübt hat, und Hermann freut sich jeder solchen Nachricht, die er, zur Ungeheuerlichkeit vergrößert, weiter tragen läßt, um so sein Heer im Voraus schon gegen die römischen Verbündeten zu erbittern.

Auf einem kleinen Hügel stehend, nahe einer stattlichen Eiche, blickt Hermann erwartungsvoll in die Weite, als Thusnelda aus dem Zelte tritt, schön geschmückt, um als des Arminius Weib, wie sich's gezieme, die Römer feierlich zu begrüßen.

Hermann ist in der besten Laune, jetzt im Tone leichten Scherzes, und scheinbar ohne Absicht, auch seinem ahnungslosen Weibe einen Vorgeschmack der Römerherrschaft beizubringen. Er thut es spielend, wie mit einem Kinde.

Wie geht dir's, mein Planet, und was macht Ventidius, dein Mond? fragt Hermann sie, an ihrer Seite sich auf das Lager unter jener Eiche niederlassend.

Ventidius scheint ganz auf dem Freundschaftsfuß mit ihr zu stehn; er grüßt den Fürsten durch den Mund Thusnelda's, die er eben erst verließ.

Doch Hermann ist bei alledem zerstreut; er bemerkt es nicht einmal, wie sein Weib so schön, so glänzend sich geschmückt hat; und sie will doch, daß er's bemerke, denn wahrlich, meint sie, „ist Varus, der große Feldherr Roms, so blind wie du, so war die ganze Mühe doch verschwendet." Doch diese Toilettenkunst ist nicht ihr Werk allein;

der auch darin wohl erfahrne Ventidius hat am Putz-
tisch sie unterrichtet,

> Wie man in Rom das Haar sich ordnet,
> Den Gürtel legt, das Kleid in Falten wirft.

Indem nun Hermann freundlich diese Kunst bewundert,
und auch das goldne Diadem erkennt, das er ihr einst
aus Rom mitbrachte, und das ihr jetzt vom Scheitel
blitzend niederstrahlt, kann er nicht umhin, seufzend daran
zu denken, wie sein schönes Weib wohl aussehn würde, wenn
sie mit kahlem Kopf einhergeht, denn, meint er auf ihre
erstaunte Frage, wenn Marbod erst geschlagen sei, so würde
kein Mond vergehn, daß man ihr das schöne Haar ganz
glatt vom Kopfe scheere.

Und wer sollte das —?

Wer anders, als Varus und die Römer, mit denen
Hermann alsdann verbunden ist; denn die römischen Da-
men, so folgert Hermann, müssen dann doch, wenn sie
sich schmücken wollen, schöne Haare haben? Die Röme-
rinnen aber, meint er, haben nur schwarze häßliche und
fettige Haare, nicht so schöne goldne, trockne, wie das
deutsche Weib.

Thusnelda zweifelt noch, ob Hermann scherze, oder
nicht. Doch er erinnert sie, was erst jüngst einer Frau
in Ubien geschehn; daß drei Römer sie niedergeworfen
und gebunden und nicht allein die Haare ihr abgeschnit-
ten, sondern auch der schönen Zähne sie beraubt hätten.

Ventidius aber hat Thusnelda schon gesagt, das sei ein Märchen, weiter nichts.

Nun, lacht Hermann, Ventidius hat ganz recht, sein Schäfchen jetzt schon für die Schurzeit sich zu kirren.

Nein, jetzt merkt Thusnelda, daß Hermann sie nur foppe; Ventidius selber sollte — —?

Aber was, in aller Welt, was, fragt sie, machen sie denn in Rom mit diesen Haaren und diesen Zähnen?

Hermann erklärt ihr nun, wie man in Rom sich mit den Reizen Andrer schmücke, und daß die Römer deshalb solchen Schmuck sich rauben, wo sie wollen. Mit welchem Recht? Was hat der Stärkere nach dem Recht zu fragen? Für wen ist denn die Welt erschaffen, als für Rom? Nimmt Augustus nicht das Elfenbein dem Elephanten, dem Panther das Fell, dem Wurm die Seide? Freilich sind das nur Thiere; was aber soll der Deutsche denn Bessers sein, was ist der Deutsche in der Römer Augen! Ein dummes Thier, das in den Wäldern umher läuft und einen Pfeilschuß werth ist! So hat es Hermann verstanden, sie immer tiefer und empfindlicher zu stacheln, bis sie ihn entrüstet und erstaunt befragt, wie er denn diese Römer bei sich willkommen heißen könne! Und tief empört im innersten Gefühle, gelobt sie hoch und theuer, daß ihre goldnen Haare sicher Niemand kriegen soll, viel weniger ihre Zähne!

Varus mit den römischen Cohorten trifft nun ein,

und wird von Hermann mit aller Unterwürfigkeit empfangen, als Herr Germania's, durch dessen Hand von des Augustus Gnade die deutschen Fürsten erst Macht und Würde zum gnädigen Geschenk erhalten.

Indessen naht der Tag, da Hermann sich anzuschicken hat, mit seinen schon gereizten und unmuthigen Horden dem Heer des Varus zu folgen.

Die Art und Weise, wie Hermann den, gegen die Römer zu führenden Schlag vorbereitet, ist zugleich charakteristisch für ihn, und nebenbei wichtig in dem Vergleiche seines an dem römischen Beispiel trefflich geschulten Verstandes, gegenüber der so ganz uncultivirten schlichten Natur Thusnelda's.

Marbod, der mächtige Sueven-Fürst, hat unterdessen die Botschaft empfangen, durch welche ihn Hermann von seinem großen Plan in Kenntniß setzt. Damit aber Marbod an der Aufrichtigkeit seines Vorsatzes nicht zweifeln dürfe, sandte ihm Hermann, zugleich mit jener Botschaft, seine beiden Knaben, und einen Dolch, mit welchem er sie zu tödten berechtigt sei, wenn irgend ein Trug sich in seinen Worten finde. Indem Marbod noch schwankt, ob er den Worten Hermann's Glauben schenken solle, erhält er sichere Beweise von dem Verrath der Römer, die i h m mit gleichen Hoffnungen schmeichelten, wie dem Cheruskerfürsten. Der Nornentag, an welchem sich Hermann mit Marbod zu der großen That verbinden will, soll den betrügerischen Römern die gerechte Rache bereiten. Mar-

bob zerbricht den Dolch und schickt die Kinder zum Zeichen seines vollen Vertrauens an Hermann zurück.

Wie der vorsichtige Cherusker schon vordem jeden
kleinsten Umstand benutzte, um allmälig seine Krieger mit
Haß gegen die fremden Verbündeten zu erfüllen, so schreitet er weiter darin fort. Die todte Ruhe, die seit den
letzten Tagen herrscht, wird ihm unerträglich, die Zucht,
die in dem Heer der Römer regiert, droht seinen wohl-
durchdachten Plan zu stören, denn er will Haß, erst flam-
menden Haß in ganz Germanien lodern sehn, ehe kann
er den Schlag nicht wagen. Ein Ereigniß im Lager
kommt ihm noch zur rechten Zeit zu Hülfe; die gegen eine
Cheruskerin verübte That eines Römers beutet er mit
frohem Herzen aus, das ganze Teutoburg mit einem Schrei
der Rache zu erfüllen. Thusnelda nur hat er jetzt noch
vorzubereiten auf das, was im Werke ist.

Es ist der Abend vor jener Nacht, nach welcher ein
blutiger Morgen tagen soll. Hermann Arminius harrt
noch in Teutoburg, da eilt Thusnelda ihm voll Schrecken
und Angst entgegen. Sie hat vernommen, was Hermann's
Plan ist, erst nur Wenigen bekannt. Sie will, entsetzt
von dieser Nachricht, Hermann selber fragen, ob es wahr
sei, daß in wenig Stunden über den römischen Feldherrn
Crassus und die Seinen ein fürchterliches Blutgericht er-
gehen soll. Hermann bestätigt ihr, was sie schon vernommen hat. Während der Cherusker am nächsten Tage
des Varus Heer im Teutoburger Walde überrascht, soll

Crassus hier geopfert werden, die ganze Brut soll durch das Schwert der Rache sterben!

Thusnelda weiß sich nicht zu fassen, das Gericht scheint ihr so furchtbar, daß sie keine Gründe dafür zu finden weiß. Crassus! so ruft sie tief erschüttert, mit allen Römern?! „Die Guten mit den Schlechten, rücksichtslos?"

Die Guten! entgegnet ihr Hermann ungerührt, das sind die Schlechtesten! Drum sie zuerst!

Das trifft Thusnelda schwer, daß auch nicht Einer auf Schonung rechnen soll. Vergebens hält sie ihrem Gatten vor, ob nicht Mancher vielleicht darunter sei, dem er Dank schulde.

Aber Hermann quält sie länger; sie solle ihm einen Namen nennen, er wisse keinen.

Sie hält ihm weiter vor, daß doch Mancher in den Plätzen auf Ordnung hielt, das Eigenthum beschützte, — sie sucht nach einem Einzelnen, den sie ihm nennen könne, ohne sich des Gefühls zu schämen, — ja, der Centurio, der bei dem Brande in Thuiskon jüngst die Heldenthat gethan, der mit Gefahr des Lebens ein Kind auf seiner Mutter Angstgeschrei dem Flammentod entrissen habe — auch er nicht?

Hermann verdammt ihn, wenn er Gutes that, weil er auf einen Augenblick damit das Herz des Helden zum Verräther an Deutschlands großer Sache gemacht hat!

7*

Hermann will von der „höhnischen Dämonenbrut" nichts lieben, weil seine Tugend Rache sei!

Dieser furchtbare Ausbruch von Hermann's wahrhafter Gesinnung gibt endlich auch ihr den Muth, den Namen dessen zu nennen, für den sie Gnade, Rettung will, und weinend sinkt sie vor dem strengen Richter nieder, — sie bittet ihn um des Ventidius Leben!

Dies eine Haupt nur soll von der Rache ausgenommen werden und Hermann, so bittet sie ihn ferner, möge ihr verstatten, daß sie dem Ventidius heimlich melden dürfe, welch ein Schicksal den Römern bevorsteht, damit der Legat sich schnell in's Land der Väter retten könne.

Hermann betrachtet die tief Erschütterte voll Rührung und voll inniger Liebe. Er weiß, wie hoch sie ihn in Ehren hält, er fühlt, daß dieses Ventidius Schmeichelkünste wohl ihre Gunst errungen haben konnten, daß aber er selber darum nichts bei ihr verloren, — es ist ihr gutes, treues Herz, das sich vor ihm eröffnet hat, im guten Glauben, daß sie für einen Freund bittet, der ohne Verschuldung so traurigem Loos verfallen soll. Und Hermann gibt ihr den Trost, den sie erwartet; um ihrer „schönen Regung" willen soll ihm das Haupt des Ventidius heilig sein. Das verspricht er der Geängsteten und Bittenden, die erlöst von dem marternden Gefühle solches Schreckens voll Dankbarkeit und reiner inniger Herzensfreude die Hand des edeln Gatten küßt. Nicht eher aber, als bis der Morgen tagt, soll sie sich auch nur mit einer

Miene verrathen. O! das gelobt sie freudig, und trock-
net lächelnd sich die Thränen; — was würde sie nicht
Alles geloben, voll heißer Dankbarkeit gegen den Mann
erfüllt, der das reine, schöne Gefühl in ihrem Herzen so
gut verstand und sie so schnell und willig aus großer
Qual und Angst befreite, — soll doch Ventibius, der
bis daher mit so viel Zärtlichkeit ihr liebend diente, nicht
sterben, wie alle Andern, durch das Schwert der Rache.
Ja, voll lieblicher Besorgniß, auf daß Hermann keinem
unwürdigen Verdachte gegen sie Raum gibt, verspricht sie
mehr noch,

   Denn daß der thör'ge Jüngling nicht etwa

     mit einem falschen Wahn sich schmeichle,

will sie den Brief an ihn in Hermann's Namen schreiben, will auch sogar mit etwas Hohn dabei ihm sagen,
daß er bestimmt sei, die Nachricht vom Fall des Varus
nach Rom zu bringen.

   Das ist sehr klug von ihr, und Hermann muß auch
diese Vorsicht loben. So scheint nun Alles ausgeglichen, —
aber ein härterer Schlag bleibt für Thusnelda noch auf-
gespart.

   Ganz gelegentlich gibt ihr Hermann die Locke zurück, die unlängst Ventibius ihr vom Scheitel gelöst hat,
die Locke, deren Raub sie so sehr erbittert hatte. Sie
war, so erklärt ihr's Hermann, als eine Probe ihrer
Haare schon auf dem Weg nach Rom. Der Bote, der
sie bei sich trug, ward unterwegs von einem Cherusker

in den Sand gestreckt. Die Locke lag in einem Brief, und Beides gibt Hermann der erstaunten Thusnelda zurück.

Was soll die Locke? Noch ist Thusnelda so bewegt, daß sie das Seltsame nicht schnell zu fassen vermag. Die Locke, die jener Ventidius ihr so leidenschaftlich nahm? Nochmals fragt sie Hermann, wie er dazu gekommen, — ward sie gefunden?

Gefunden allerdings, bestätigt dieser, das heißt in einem Brief gefunden, den jener Römerbote an Livia, an die Kaiserin, nach Rom von dem Legaten zur Bestellung erhalten hatte.

Thusnelda staunt: In einem Brief? und an die Kaiserin?

Hermann leuchtet ihr mit der Fackel — und deutet auf die Aufschrift; da steht es: „An Livia, Roms große Kaiserin."

Noch immer steht Thusnelda staunend da, und weiß nicht, wie sie das zu deuten hat. Nochmals erklärt ihr Hermann, wie der Brief dem Boten des Ventidius abgenommen sei.

Aber was, fragt sie, sagt denn Ventidius in dem Briefe?

Das scheint Hermann nicht eben wichtig, er überflog den Brief nur flüchtig, — und hält ihn Thusnelda hin, damit sie selber lese. Er lautet:

„Varus, o hohe Herrscherin, steht mit den Römern
Nun in Cheruska's Landen siegreich da;

Cheruska, faß' mich wohl, der Locken Heimath,
So lang und voll und wie die Seide weich,
Die Dir der heitre Markt von Rom verkauft.
Nun bin ich jenes Wortes eingedenk,
Das Deinem schönen Mund', erinn're Dich,
Als ich zuletzt Dich sah, im Scherz entfiel.
Hier schick' vom Haar, das ich dir zugedacht,
Und das, sobald Cheruska's Fürst gefallen,
Die Scheere alsobald Dir ernoten wird,
Ich eine Probe Dir, mir klug verschafft.
Es ist vom Haupt der ersten Frau des Reichs,
Vom Haupt der Fürstin selber der Cherusker!"

Das Blut flieht ihr aus den Wangen, da Thusnelda
diesen Brief liest. „Ei, der Verfluchte —!" — das ist
Alles, was zuerst mit stockendem Athem leise und tonlos
von ihren bleichen Lippen kommt; — doch nein — sie
las wohl falsch —? Nochmals starrt sie in den Brief
und wiederholt, was sie nicht glauben will — da steht
es aber, — der römische Bube schickt der Kaiserin eine
Probe nur von dem Haar, das,

> „— sobald Cheruska's Fürst gefallen,
>   Die Scheere —"

Die Sprache versagt ihr — es dunkelt vor ihren Augen — sie wankt, und in furchtbarem Schmerze über so
unerhörte Büberei bricht sie jammernd aus:

> „O Hertha!
> Nun mag ich diese Sonne nicht mehr sehn."

Kaum kann Hermann in solchem Augenblick es ernstlich versuchen wollen, sie über diesen schmählichen Verrath zu trösten; liebevoll ergreift er nun ihre Hand und flüstert ihr zu, Ventidius sei ja noch nicht fort.

Aber Thusnelda kann jetzt nichts hören, nichts denken; sie möchte ihr Antlitz verbergen in tiefster Nacht. „Geh!" stammelt sie, „geh', ich bitte dich. Verhaßt ist Alles mir, die Welt, du — ich —: laß mich allein."

Erst da Thusnelda allein ist, kann in heißem Thränenstrom der Schmerz, der ihr das Herz durchwühlt, sich ergießen. Wenn sie darin aber Erleichterung findet für die fürchterliche Kränkung und Demüthigung, die sie erleiden mußte, so tritt hiernach doch ein anderes Gefühl in seiner ganzen ungebändigten Wildheit in seine Rechte: das Gefühl der Rache!

Thusnelda kennt nicht das milde Gebot, daß man dem Feinde vergeben soll. Sie folgt nur dem Gefühl, das in ihr zur Leidenschaft furchtbar heran wächst, dem Gefühl der Wiedervergeltung.

Und ihre Rache ist entsetzlich.

Mit heißen, schmeichlerischen Liebesworten hat Ventidius Thusnelda's Dienerin, Gertrud, beschworen, sie möge ihrer Fürstin anvertrauen, daß Ventidius sie um eine trauliche Unterredung bäte, Nachts im stillen Park. Noch hatte Thusnelda diesen verwegnen Schritt des Römers nicht erfahren, als sie bereits von seinem bübischen Verrath den Beweis erhalten hat. Sie läßt ihm nun melben, daß sie seiner, wie er es erbeten, harren würde. Zugleich aber ist der Bärenhüter Childerich herbeigerufen und ihm anbefohlen worden, zuvor eine Bärin, die, besonders wild, nun seit zwölf Stunden durch Hunger noch mehr gereizt worden ist, in jenen Park gelassen würde, der nach allen Seiten hin verschlossen und gut verwahrt ist.

So geschieht Alles nach dem Befehl Thusnelda's.

Die Bärin ist bereits im Park, und der Legat Ventidius naht in tiefer Dunkelheit. Thusnelda selber öffnet ihm die finstre Todespforte, läßt ihn eintreten an den Ort des Grauens und wirft voll barbarischer Lust hinter seinem Schritt die Thüre zu, die ihn fortan vom Leben trennt.

Mit Entsetzen gewahrt Ventidius das Ungeheuer, das die Tatzen gegen ihn erhebt.

Nun gibt Thusnelda am Gitter sich zu erkennen, und sättigt ihren Racheburst mit seiner Angst, und mit dem Hohn, den sie nun in seiner Schreckensstunde auf ihn häuft. „Die Bärin", ruft sie, „soll das sein?" Nein, „Thusnelda ist's, die Fürstin,

Von deren Haupt der Livia zur Probe
Du jüngst die seidne Locke abgelöst!
Laß den Moment, der günstig, nicht entschlüpfen,
Und ganz die Stirn jetzt scheer' ihr ab!

Man hört Ventidius Todesangst, die Bärin bäumt sich

auf, es ist um ihn geschehn —! aber Thusnelda, ganz
zur Furie geworden, höhnt ihn weiter:

"Ah, wie die Borsten, Liebster, schwarz und starr,
Der Livia, deiner Kaiserin, werden stehn,
Wenn sie um ihren Nacken niederfallen!
Stadthalter von Cheruska grüß' ich dich!
Das ist der mindste Lohn, du treuer Knecht,
Der dich für die Gefälligkeit erwartet!"

Wie furchtbar die ganze menschliche Natur sich hier in
Thusnelda selbst empört, wie sie sich selbst an ihrer eignen Marter weidet, wir erkennen es bald, da sie, endlich
ihrer Sinne nicht mehr mächtig, überwältigt von dem
selbst heraufbeschwornen Grauen, ohnmächtig an dem
Gitter zusammenbricht. *)

Mit Bezug auf das Psychologische dieses imponirenden Charakters haben schon alle Einzelheiten, die zu Gun-

---

*) Gegen die vollständige Darstellung dieser Schreckensscene
auf der Bühne kann man wohl manches gerechte Bedenken erheben; wenn auch der Kampf des Ventibius mit dem Bären
nicht sichtbar ist, so reichen doch die Andeutungen des Ereig-
nisses hin, ein gut erzogenes und nicht eben starknerviges Thea-
terpublikum mit Abscheu und Grauen zu erfüllen. Die schreckliche Entwickelung aber ganz zu umgehen, halte ich für un-
statthaft, da sie — wie ich oben weiter zu entwickeln suche —
ein nothwendiger und folgerichtiger Abschluß für den Charakter
Thusnelda's ist.

sten Thusnelda's sprechen können, in der Art der Analyse
die nöthige Würdigung gefunden. Wie aber diese Gestalt in ihrer ungewöhnlichen Kraftfülle und Ursprünglichkeit sich so wesentlich von allen hier entwickelten Charakteren unterscheidet, wird es nicht überflüssig sein, die
erschreckende Schlußentwickelung aus dem Ganzen und
Einzelnen nochmals zusammenfassend zu erklären.

Schon in dem verhängnißvollen Wendepunkt ihres
Geschickes, als der nichtswürdige Betrug des Ventibius
sie wie ein Donnerschlag trifft, wird sich Jedem die Frage
aufdrängen: Welcher Art das Gefühl Thusnelda's für
Ventibius war?

Der furchtbar heftige Ausdruck ihres Schmerzes und
ihrer Wuth könnte auf eine tief in ihrem Herzen wur-
zelnde Liebe schließen lassen. Wir müßten diese Annahme
als die einzig mögliche bezeichnen, wenn Thusnelda auf
dem Boden einer andern Cultur-Epoche stände. Würde
bei ihr in diesem Rache-Act ein äußerliches Gebot der
Barmherzigkeit von ihrer Leidenschaft durchbrochen,
so würde die Frage eine andre Stellung einnehmen. Wir
könnten dann sagen: Sie hat von der Civilisation,
die ihr das Gebot des Verzeihens auferlegte, auch nebenbei die Kunst der Heuchelei profitirt, mit welcher das
Römerthum, auf dem Gipfel dieser „Civilisation", bereits
einen so großen Vorsprung in der Weltgeschichte hatte.
Wäre das aber Thusnelda? Gewiß nicht! Ihre Natur, wie wir sie aus großen und kleinen Zügen kennen

lernten, ist von Anbeginn bis zum Schlusse so echt, so wahr und ungeheuchelt, daß auch die Consequenzen dieses ursprünglichen Wesens danach zu bemessen sind. Das aber ist auch der Hauptpunkt, von dem aus wir Alles in diesem sich vor uns klar entfaltenden Charakter zu begreifen haben.

Der erste Anlauf, den Ventidius nimmt, um — bei Gelegenheit des Lockenraubes — ihr seine Liebe zum einbringlichsten Bewußtsein zu bringen, prallt an ihrer klaren offnen Natur entschieden ab. Ihre Frauenwürde ist durch die Handlungsweise des Ventidius verletzt, und ihr energisches Verhalten gegen diesen, wie gegen Hermann, läßt uns über ihren innern Werth keinen Zweifel. Aber gegenüber allen Artigkeiten und Verlockungen des geschmeidigen Römers bleibt sie darum nicht theilnahmslos. Aus der Folge ihres Verhaltens geht hervor, daß sie ihm den Lockenraub verziehen hat; mußte sie nicht die Größe seiner Leidenschaft für sie daraus erkennen, daß er selbst ihren gerechten Zorn dafür wagte? Und grade bei der Reinheit ihrer Gesinnung, bei ihrer fast kindlichen Treuherzigkeit — mußte sie nicht endlich Rührung empfinden, solche fortgesetzte Huldigungen des Römers zu genießen, der ja fein und gewandt genug ist, um selbst der Gunst Livia's, der Kaiserin, sich rühmen zu können?

Thusnelda ist sich ihres Werthes wohl bewußt, und eben weil sie es ist, weiß sie auch die Liebe des Venti-

dius, der sie wie eine Göttin zu verehren scheint, mit der
Zeit zu schätzen.

So ist sie dem Römer nach und nach geneigt geworden, weil er sie liebt, und weil sie ihn für einen edeln
und liebenswerthen Mann hält, der sicher würdig wäre,
sich größerer Gunst von ihr zu rühmen, wäre sie nicht
Hermann's Gattin! Dessen aber ist und bleibt sie sich
bewußt, mag sie auch endlich die Liebesbetheurungen des
Römers ohne Groll entgegen nehmen. Wie wenig sie
dabei ihrer Pflichten als Hermann's Weib vergaß, erfahren wir's nicht hinlänglich schon dadurch, daß sich Ventibius erst des Vertrauens ihrer Dienerin versichern muß,
um durch diese dann seinen heißen Wunsch an ihr Ohr
zu bringen, indem er die geheime Zusammenkunft begehrt?
Auch bleibt Thusnelda's Verhalten, Hermann gegenüber,
bis zu der Entdeckung ihrer Verhöhnung, so unbefangen,
wie von Anbeginn. Nichts ist in ihrem Benehmen, was
auf irgend eine Veränderung, sei's eine glückliche oder
schmerzvolle, in ihrem Gemüthe schließen lassen könnte.

Daß aber dieser Ventibius, der sie so zärtlich zu lieben scheint, der ihr von allen Männern nächst Hermann
gewiß der liebste, schätzenswertheste geworden ist, daß dieser Freund nach Hermann's Rathschluß mit allen Römern
auf deutschem Boden so unverhofft, unvorbereitet und
grausam hingeschlachtet werden soll —: das muß sie auf's
Schmerzlichste erschüttern, und wohl ist es nach dieser

Lage der Dinge erklärlich, daß sie mit Thränen seine Rettung von ihrem Gatten erfleht. Gewiß, sie hat Ventidius mit seinen einnehmenden Manieren liebgewonnen und nun — vielleicht gar mit dem Verdachte, daß sie an seinem Ende Mitschuld trage — soll er so plötzlich in die Nacht des Todes gestoßen werden, nur weil er ein Römer ist!

Und doch — selbst in ihrer sie so furchtbar quälenden Lage denkt sie daran, ihre Ehre zu wahren; nur in Hermann's Namen will sie den Bedrohten warnen, damit der arme Thor sich nicht etwa „mit einem falschen Wahne" schmeichle.

Würde Thusnelda daran denken, wenn sie von ihrer Tugendwürde sich das Geringste schon wirklich gegen ihn vergeben hätte? Würde sie — wenn diese Liebe sie als heftige Leidenschaft durchglühte — nicht sicherlich ganz gegen Hermann schweigen, um ohne Weiteres den Geliebten zu warnen und mit Uebergehung Hermann's ihn zu retten suchen?

Wir sehn aus Allem, Thusnelda ist ein reines, edles Metall geblieben, das uns auch nicht den leisesten Mißklang vernehmen läßt.

Und nun — für ihre Bitten, ihre Thränen, für ihren reinen guten Glauben plötzlich die Gewißheit, daß jener Römer, von dem sie sich so sehr geliebt wähnte — und sicher war ihr das ein süßer Wahn geworden — von ihm so namenlos betrogen zu sein! Daß jedes Wort, was sie ihm glaubte, eine Schmach für sie war; von ihm betrogen, um dessen Rettung sie eben Thränen vergoß, und das vor dem, der jetzt ihre Erniedrigung sieht! Verhöhnt von der übermüthigen Kaiserin, verlacht als eitle, betrogene Närrin, und — was ihr am schmerzlichsten das Herz treffen muß — gedemüthigt vor Hermann, vor dem Manne, dem anzugehören, sie sich zum höchsten Ruhm und Glück anrechnen durfte!

Je reiner, edler ihre Natur war, um so furchtbarer muß der Schlag sein, der sie zu Boden wirft; ihr jammervoller Ausruf: nun wolle sie diese Sonne nicht mehr sehn! läßt uns den vollen tiefen Schmerz, der in ihr tobt, erkennen, und Hermann begreift ihren Werth vollkommen, indem er tief bewegt zu ihr spricht: „Mein schönes Weib, wie rührst du mich!"

Aber die Rache! Sie ist bei aller Grausamkeit doch vollkommen dieser Natur entsprechend. So rauh und wahr und treu Thusnelda war, wie wir sie kennen lernten, so rücksichtslos und stark wird sich auch die ganze Wucht des Zornes auf den niederstürzen, der sie in ihren edelsten Gefühlen so beleidigte. Grade der edle Grund ihres Charakters ist — bei so unverfeinerter Natur — das einleuchtendste Motiv ihrer grausamen Rache. Die Civilisation — hier durch Rom vertreten — kämpft mit den Waffen der Bosheit und Heuchelei; eine Natur wie die Thusnelda's kann — wenn sie nach Waffen zur Vertheidigung ihrer Rechte greifen soll — nur Mittel wählen, die unser anders geschultes Jahrhundert entsetzen mögen. Thusnelda ist so stark und gewaltig, wie rein und treu, und es ist ein großer Unterschied, ob eine Feld- oder Gartenblume vom Sturm gebrochen wird, oder ob eine mächtige Eiche unter der Wuth des Elementes sich krachend beugt.

Die Rache Thusnelda's ist eine elementare Erscheinung, eine vulkanische Eruption, gleichwie die Raserei Othello's, der aber mit dem Wort „die Sache will's!" seine Rache zu einer richterlichen Handlung zu stempeln meint, während Thusnelda's That der Rache auf keinerlei intellectuelle Erkenntniß gestützt ist. Ihre Handlung ist ganz instinctiv der Ausdruck ihres Schmerzes, wie der Sprung einer Löwin, die, von einer Kugel getroffen, sich auf den Gegner stürzt.

Leonore von Este.

Genée, R. Frauenkranz.

Leonore von Este. *völlig falsch aufgefaßt!*
die Thränen sehr edel?

Willst du genau erfahren, was sich ziemt,
So frage nur bei edlen Frauen an,
Denn ihnen ist am meisten dran gelegen,
Daß Alles wohl sich zieme, was geschieht;
Die Schicklichkeit umgibt mit einer Mauer
Das zarte, leicht verletzliche Geschlecht.
Wo Sittlichkeit regiert, regieren sie,
Und wo die Frechheit herrscht, da sind sie nichts.
Und wirst du die Geschlechter beide fragen,
Nach Freiheit strebt der Mann, das Weib nach
Sitte.

Wenn in diesen Worten das Wesen des Weibes bezüglich seiner Stellung in der civilisirten Gesellschaft im Allgemeinen bezeichnet ist, so können wir sie noch ganz speciell als Devise für die feine Frauengestalt jener Dichtung wählen, welcher diese Worte entnommen sind, und wir werden auf diesen Satz die ganze Analyse des gegenwärtigen Charakterbildes bauen können, mag man auch hiernach erkennen, daß in der darinnen liegenden Wahr=

8·

heit, so reizend sie auch klinge, ein gutes Theil Bitterkeit enthalten ist.

Das Verhältniß der Prinzessin Leonore zu Torquato Tasso in Goethe's Dichtung ist für Manchen ein psychologisches Räthsel. Die Lösung wird aber leicht gefunden sein, wenn man sich entschließt, in dem hier angeführten Citat keine absolute Huldigung der Frauen zu erblicken, sondern eine einfache Lebenswahrheit, in welcher das im Wesen der Sache begründete Mißverhältniß der schönen und berechtigten Natur zum conventionellen Leben ausgesprochen ist *).

---

*) Die Verhältnisse von Ort und Zeit, unter derem Einfluß Goethe die Dichtung vollendete, erklären diese Tendenz des Dramas bestimmter. Daß Goethe in der Stellung Tasso's zum Hofe von Ferrara einen, seiner eigenen Situation am Weimarschen Hofe analogen Stoff fand, liegt wohl auf der Hand. Wollte er aber, um das mindestens unbequeme Verhältniß eines freien dichterischen Geistes zu dem Zwange des Hoflebens zu schildern, nicht eine beleidigende Satyre schreiben, so mußte er so zart dabei verfahren, wie es eben nur Goethe vermochte. Das Suchen nach persönlichen Beziehungen in der Analogie zwischen Weimar und Ferrara wäre sehr unfruchtbar. Wie viel in Alfons von Carl August, in Leonore Sanvitale von Frau von Stein u. s. w. geschildert ist, kann uns hier gleichgültig sein. Wer Vergnügen an solchen Vergleichungen findet, kann es sich leicht bereiten; die Anknüpfungspunkte im wirklichen Leben reichen eben dafür hin. Im Uebrigen aber liegt die größere Wichtigkeit immer in der Situa-

Zunächst ist Tasso, in seinem Ringen gegen die ihn einschränkenden Mauern der „Schicklichkeit", der Leidende in solchem Kampfe; der Conflict, in welchen Leonore dabei geräth, und durch welches Opfer sie ihn löst, wird sich hier in der Folge zeigen.

Die Subjectivität des Dichters konnte bei der vorherrschend lyrischen Form und bei dem rein psychologischen Inhalt des Dramas sich in sehr willkommner Weise geltend machen. Wir sehen denn auch in den vor uns erscheinenden Personen, trotz des nationalen Costüms und trotz der geschichtlichen Beziehungen, keine Italiener, sondern entschieden deutsche Charaktere. Deutsch, echt deutsch ist das empfindsame und stets zur selbstpeinigenden Reflexion sich neigende Gemüth Tasso's, deutsch ist der kritische Antonio und deutsch vor Allem sind die beiden Leonoren, die Prinzessin und die Gräfin Sanvitale.

Es ist ein reizendes Gemälde, von dessen farbenreichem Grunde sich diese beiden graziösen Gestalten abheben, wie die Gebieterinnen über alles Schöne, was sie umgibt. Es

tion im Allgemeinen, in der prekären Stellung des Dichters zum Leben, hier noch speciell zum Leben des Hofes, der, bei aller Schöngeisterei und Liberalität gegen den Dichter, doch über die Grenzen seines Parquets sich nicht hinausbewegen kann. Daß Goethe selbst durch solche Erkenntniß vorübergehend mit Unmuth erfüllt wurde, ist erklärlich, um so mehr hatte er aber in seiner Dichtung jede Möglichkeit persönlicher Beziehungen eher zu vermeiden, als herauszusuchen.

ist ein Gemälde voll Anmuth, voll glänzender Schönheit und zugleich voll harmonischer Ruhe.

Im ersten schönsten Reize des Frühlings, in der sinneberauschenden Zeit, da die Blätter und die Herzen schwellen, sehn wir sie wandeln in den Gärten von Belriguardo, einem Lustschlosse des Herzogs Alfons von Ferrara, wohin auch der Dichter des „befreiten Jerusalem", Tasso, seinen fürstlichen Gönner und Freund begleitete, um dort die Vollendung seines Epos auszuführen. Reizender, in reinerm Lichte der ganzen Umgebung, könnte die Fantasie kaum zwei Gestalten bilden, wie diese hier, Prinzessin Leonore von Este, des Herzogs Schwester, und deren Freundin Leonore Sanvitale, die Gattin des Grafen von Scandiano. Erstere, eine jungfräuliche Schönheit von schlanken, weichen Formen, geschmückt mit allen mädchenhaften Reizen, und angehaucht von jener süßen Schwermuth, welche das rosige Lächeln ihres Mundes um so bezaubernder erscheinen läßt. Und ihre Freundin Leonore Sanvitale, die Frau von mehr pikanten als feinen Formen, ohne die rührende, jungfräuliche Lieblichkeit und ohne die sanften Wellenlinien der Prinzessin, aber voll herausfordernder Lebhaftigkeit, von freierm, entschiedenerm Wesen, sich ihrer selbst bewußter, die Frau neben der Jungfrau.

Sie winden Kränze, um damit die den Garten zierenden Hermen Ariost's und Virgil's zu krönen.

Schon diese Thätigkeit, in der wir sie zuerst erblicken,

läßt uns erkennen, wie ihr Sinn hier auf ein gleiches, schönes Ziel gerichtet ist, und in der Art dieser Kränze und deren Bestimmung charakterisirt sich wiederum zugleich der Unterschied in Beider innerstem Wesen.

Der Kranz in der Hand der Gräfin Leonore schwillt von bunten Blumen, und der sinnliche Ariost ist der von ihr Gekrönte; die Hand der Prinzessin schlingt den zarten schlanken Lorbeer für die Stirn Virgil's. In dem erstern Kranze, wie in seiner Bestimmung, erkennen wir die idealistische Prinzessin, wie in dem Kranz der Gräfin deren mehr auf das Reale gerichteten Sinn. Der Geist Leonorens von Este umfaßt ein weites Reich, er schweift weit hinaus über die Grenzen der Wirklichkeit, und das hat sie mit Tasso gemein, der Ideale sucht und in der unvollkommnen Wirklichkeit das Ideale zu erkennen meint.

Die Gräfin Sanvitale, nicht minder empfänglich für alles Schöne, sucht doch mehr in dem Vorhandnen den Genuß, und im Genusse dessen, was ihr erreichbar ist, ihr Glück. Steht sie in ihrem innersten Wesen drum auch dem Tasso ferner, so ist sie doch entschlossener, ihn zu sich heran zu ziehn, als ihre jungfräuliche Freundin, da sie eben den Genuß der Wirklichkeit höher schätzt, als das Sehnen nach Idealen.

Da die Gräfin voll Lebhaftigkeit den hohen Werth Ferrara's schildert, das neben so vielen Schätzen auch so viele geistige Naturen anzuziehen wisse, äußert die Prinzessin, sie beneide die Gräfin um das Glück, so lebhaft

Alles zu fühlen. Aber schon damit, daß sie diese Empfin=
dung zu erkennen gibt, beweist sie, daß sie keineswegs we=
niger lebhaft für alles Große und Schöne empfänglich
ist; nur um den schnellern Ausbruck dieser Empfindun=
gen mag sie ihre Freundin beneiden. Das eigentliche
Glück des Empfindens genießt sie so still und rein, wie
wenig Andre; ja, sie fühlt — wie auch die Gräfin ihr
zuerkennt, Alles besser, fühlt es in der ganzen Tiefe des
Werths und der Bedeutung, sie empfindet — aber schweigt.

Ihr Gespräch muß sie auf den gemeinsam verehrten
Freund, auf Tasso führen. Er, der Dichter, besingt in
seinen Liedern ein selbstgeschaffnes Ideal, und doch — so
urtheilt die Prinzessin — verberge sich dahinter eine
wahre Liebe.

Mit mannigfachem Geist verherrlicht er
Ein einzig Bild in allen seinen Reimen, —
Und wenn er seinen Gegenstand benennt,
So gibt er ihm den Namen Leonore.

Doch welche Leonore es ist, die er verherrlicht, das kann
der zarte Wettstreit Beider uns noch nicht enthüllen. Ja,
Leonore Sanvitale behauptet, er liebe Keine; es gefalle
nur dem Träumer, aus allen Sphären was er liebe,
auf einen Namen zu übertragen. Aber sie widerspricht
sich in dieser Behauptung, denn unmittelbar zuvor lehnt
sie die Liebe Tasso's, die in dem gefeierten Namen Leo=
nore sich verberge, von sich ab, und sucht die Prinzessin

als Gegenstand seiner Huldigungen zu bezeichnen. Mit
Recht darf diese erstaunen, daß die Gräfin so sehr sich
schon in diese Wissenschaft vertieft habe, während sie selbst
noch fast unbewußt in dem magischen Kreise steht. Dennoch können wir leicht beobachten, bei welcher von Beiden die stärkere Empfindung ist.

Des Herzogs Gegenwart beendet das Gespräch, und
um wie viel zarter des Mädchens Herz besaitet ist, erkennen wir gleich in der Prinzessin Besorgniß, daß der
Bruder nicht bemerken möge, wohin sich wieder das Gespräch gelenkt, — weil sie sonst seinen Scherz zu ertragen haben würden.

Allerdings hat wohl auch die Prinzessin tiefere Ursache, solche Scherze zu fürchten, wenigstens verräth sie
es schon hier durch die ausgesprochene Besorgniß.

Der Mißmuth Tasso's, sein stets unzufriedenes Gemüth wird jetzt im Beisein des Herzogs mit der Theilnahme der Freundschaft eingehender Besprechung gewür-
digt, bis er selber vor seinen Gönnern erscheint, um endlich das vollendete Gedicht dem Herzog zu übergeben.
Alfons sieht den frischen Kranz auf der Büste des Virgil;
er aber will, daß man bei ihm auch den Lebenden ehre,
und auf seinen Wunsch und Wink nimmt die Prinzessin den selbst geschlungenen Kranz von dem schon längst
genug bekränzten Marmorbild, um Tasso's Dichterstirn
damit zu krönen. Seiner scheuen Erregung gegenüber
spricht sie ihr Gefühl richtig aus, wenn sie sagt:

> Du gönneſt mir die ſeltne Freude, Taſſo,
> Dir ohne Wort zu ſagen, wie ich denke.

Und da Alfons den Kranz nur als ein Vorbild für jene
Krone bezeichnet, die ihn auf dem Capitole zieren ſoll,
fügt ſie erläuternd hinzu:

> Dort werden lautre Stimmen dich begrüßen,
> Mit leiſer Lippe lohnt die Freundſchaft hier.

So wenig ſie hiermit zu ſagen meinte, ſo iſt es doch
ſchon faſt zu viel für Taſſo, der nun in dem beglücken-
den Gedanken ſich berauſchen mag, daß es nicht nur eine
förmliche Anerkennung ſeines dichteriſchen Verdienſtes ſei,
was er aus der Prinzeſſin geliebter Hand empfing.

Antonio tritt hinzu, der Staatsmann und langjäh-
rige Freund des Herzogs und der Frauen.

Er kommt zur rechten Zeit, um Taſſo aus der Betäubung, aus dem angſtvoll drückenden Gefühl, zu welchem der Kranz ihn niederbeugt, ein wenig aufzuſtacheln,
und den Verzückten an die Welt zu mahnen. Mit ab-
ſichtlicher Schroffheit übertreibt er ſeinen Stolz auf das,
womit er dem Staate ſich dienſtbar und nützlich macht.
Er will den Dichter deſſen geringere Bedeutung fühlen
laſſen und tritt demſelben gegenüber ſogleich als bewußter Vertreter des Realismus auf. Im Anblick von Taſſo's
Kranz weiß er ihm nur in Erinnerung zu bringen, daß
es die Gewohnheit des Fürſten ſei, „unmäßig zu belohn-
nen", und in wiederholten Bitterkeiten ſucht er Taſſo's
Verdienſt auf ein ſehr geringes Maß zurückzuführen, ſo

viel auch die Frauen sich bemühen, seinen Reden für Tasso
den Stachel zu rauben.

So ist die Situation, als endlich Tasso Gelegenheit
gefunden hat, der Prinzessin allein zu begegnen und sein
volles Herz ihr auszuschütten. Die Prinzessin selber ist
es, die ihn dazu ermuntert, indem sie ihr Gefühl ihm
unverhüllt zu erkennen gibt. Mit Wohlgefallen erinnert
sie sich des Augenblickes, da sie ihn zum erstenmal ge=
sehn, da sie grade erst nach langer Krankheit genesen war,
und er — von ihrer Schwester Hand geführt, der Neu=
erschaffenen sich zum erstenmale zeigte:

> Du warst der erste, der im neuen Leben
> Mir neu und unbekannt entgegentrat.
> Da hofft ich viel für dich und mich; auch hat
> Uns bis hieher die Hoffnung nicht betrogen.

Daß aber Beide schon sich selbst betrogen haben, ahnt
hier Keiner noch; allein schon in dem Folgenden, trotz
des warmen, überströmenden Gefühls des liebenden Mäd=
chens, fühlen wir jene Dissonanz, welche in diesem Ver=
hältniß Beider von Anbeginn desselben verborgen liegt
und zu dem Conflicte unvermeidlich führen muß. Es ist
der Zwiespalt zwischen Natur und Welt. Sie klagt ihn
an, daß er sich in den Umgang mit Freunden, die ihm
zugethan sind, nicht finden könne; er aber beklagt nur
den Verlust jener goldnen Zeit, da auf der freien Erde
die Menschen wie frohe Heerden sich verbreiteten, wo Alles,
was da lebte, zum Menschen sprach: Erlaubt ist, was

gefällt. Sie hingegen, indem sie jene Zeit, wenn sie
überhaupt je dagewesen, nicht verloren achtet, da wohl
verwandte Herzen sich noch finden können zum Genusse,
sie ändert diesen Wahlspruch für ihren weiblichen Standpunkt also: Erlaubt ist, was sich ziemt. In dem, was
sich zieme, so folgert sie, sei denn auch einzig das Glück
dieser Erde zu finden. Sie spricht es aus, die Schicklichkeit umgebe mit einer Mauer das zarte und leicht
verletzliche Geschlecht. Liegt hierin eine Anklage gegen
sie ausgesprochen, so ist es auch zugleich ihre Vertheidigung. Sie muß und kann sich diesem Gebot der Sitte
fügen, sollte sie auch an dieser Mauer zu Grunde gehn.

. Tasso, in der Beschränktheit seines Idealismus, kann
diese Schranke nicht erkennen, während die Prinzessin seine
Schuld darin theilt, daß sie diese Schranke nicht zu fühlen meint, wiewohl sie sie erkennt. Dadurch macht sie
ihn selbst für diese Schranke blind, indem sie ihre leb-
hafte Neigung für den leicht empfänglichen Dichter ihm
freudig zu erkennen gibt. Ist auf ihrer Seite so nicht
der größere Theil der Schuld? Ist sie es nicht, die ihn
veranlaßt, den Bruch herbeizuführen, da sie ihm gesteht,
wie das Geheimniß einer edlen Liebe in seinem Lied sie
rühre, und um so mehr sie rühre, da sie versteht, was
sie nicht tadeln kann?

Und doch, — da Tasso in diesen Worten unverhofft
ein ewig Glück auf goldnen Strahlen herrlich zu sich

niedersteigen sieht, sucht sie das selbstgenährte Feuer wiederum zu dämpfen, denn — sagt sie —

viele Dinge sind's,
Die wir mit Heftigkeit ergreifen sollen;
Doch andre können nur durch Mäßigung
Und durch Entbehren unser eigen werden.

In diesen Worten erkennen wir bereits, wie sie gesonnen und befähigt ist, ihre Liebe nach den Verhältnissen zu modificiren. In Beiden aber sehen wir verschiedene Consequenzen eines idealistischen Standpunktes. Er wähnt, die Welt, wie er sie sieht, sei auch dieselbe, die er träumt, sie aber meint, die Welt der Wirklichkeit zum Ideale zu erklären, wenn sie den Genuß von sich weist, und mit der nie befriedigten Sehnsucht nach dem Wünschenswerthen sich begnügt.

Das Verhältniß wird durch den heftigen Conflict zwischen Tasso und Antonio, der den Schwärmer durch kalten Spott zu sich selbst zu bringen und zu demüthigen hofft, unterbrochen. Die Reden Antonio's reizen den stolzen Dichter zur Wuth; Tasso hat gegen Antonio den Degen gezogen, und soll, damit nur einer Form aufs milдeste genügt werde, auf kurze Zeit die Gegenwart des Fürsten und der Frauen entbehren.

Die Prinzessin, welche in größter Bestürzung über das Vorgefallene wieder vor uns erscheint, mußte durch das Ereigniß um so heftiger erregt werden, als grade

zuvor, in ihrem letzten Beisammensein mit Tasso, eine
innigere Annäherung stattgefunden hatte. Sie kann nur
Antonio für den Schuldigen halten, und sie klagt dabei
voll Schmerz sich selber an, daß sie nicht sogleich Tasso
der Freundschaft des strengen Mannes anempfohlen hatte;
sie gesteht es sich, sie scheute sich vor so schnellem Schritte, —
und wir wissen warum.

Jetzt ergreift erst die Gräfin Leonore lebhaft die Gelegenheit, Tasso für sich zu gewinnen, theils aus Eigen-
liebe, theils aus Rücksicht für Tasso's Wohl. Sie will,
daß er nach Rom und nach Florenz sich wenden solle,
wo sie ihm begegnen will, um dort als Freundin auf sein
Gemüth zu wirken; die ernste Neigung der Prinzessin
blieb ihrem Scharfblick nicht verborgen. Der Plan wird
verabredet und auch anderseits gebilligt. Mit tiefem
Schmerz nur willigt die Prinzessin ein; mit der durch
Leidenschaft erregten Lebhaftigkeit des Gemüths malt sie
sich die traurige Oede vor, nachdem ihr Tasso, nachdem
der Tag, das Leben ihr genommen.

> So selten ist es, daß die Menschen finden,
> Was ihnen doch bestimmt gewesen schien,
> So selten, daß sie das erhalten, was
> Auch einmal die beglückte Hand ergriff.

Ehe aber Tasso geht, nachdem er schon vom Fürsten Abschied nahm, ist es ihm noch einmal beschieden, der Prinzessin zu begegnen. Sie, das von der Sitte, von der
Schicklichkeit, von Allem was sich ziemt abhängige Weib,

führt diesen Kampf mit ihrem Herzen ununterbrochen
fort. Er aber, im gewaltsamen Drang nach Freiheit,
will diesen Kampf beenden. Sie ist bereit, ihr Leben hindurch fortzukämpfen, denn sie ist zufrieden, wenn sie den
Geliebten um sich hat, wenn sie ihn auch niemals ganz
besitzen darf. Sie will verzichten, aber sie möchte es ewig
sehn, auf was sie verzichtet. Ihm kann dies qualvolle
Verhältniß nicht genügen und er sucht die geheimnißvollen
Schranken zu durchbrechen. Er hat in seinem Geiste sich
eine ideale Welt gebildet, durch deren Herrschaft er die
Wirklichkeit verkennt, bis diese über seinem Haupte über
ihn zusammenbricht und ihn zu Boden wirft.

Bei aller Wehmuth, die sie empfindet, ihn scheiden
zu sehn, will sie doch resigniren, weil sie es muß. Nur
sein friedloses Herz ist es, das sie mit Kummer erfüllt;
sie sucht nach Trost und Rath, und findet keinen, der ihm
Frieden brächte und ihr selber. Sie muß ihn lassen, und
doch, sie spricht es aus, verlassen kann ihr Herz ihn nicht.
Er hört dies köstliche Geständniß und soll hinweg! Nein,
jetzt fordert er Rath von ihr, was er thun solle, damit
der Herzog ihm verzeiht, und er im Kreise der geliebten
Freunde länger verweilen dürfe, denn eine Trennung scheint
ihm jetzt unmöglich. Ihren liebevollen Rathschlägen lo-
dert immer stärker die Flamme seiner Leidenschaft entgegen. Er kann es nicht unausgesprochen lassen, was ihn
so ganz erfüllt, und so heftig äußert sich sein Gefühl, daß
sie, erschreckt von solcher Glut, davor zurückbebt. Aber

er will nichts mehr von Beschränkung, von Mäßigung wissen, er will sein Recht, das seine und ihre Liebe gebieterisch fordert; er sinkt ihr in die Arme, und preßt sie an sein Herz, und da —

Da stößt sie ihn von sich, um ihm niemals wieder zu begegnen.

Hatte Leonore so lange nicht die Kraft gehabt, sich den Verlust zu denken, in diesem Augenblicke, da er sein Mannesrecht ihr gegenüber geltend macht, in diesem entscheidenden Augenblicke fühlt sie das Gebot, dem sie als Weib sich unterwerfen muß, nicht dem Gebot aus dem ewigen Naturgesetze, sondern einzig dem conventionellen Zwange, den das Leben, den ihre besondere Lebensstellung ihr auferlegt. Sie ist zu beklagen, denn sie leidet, — leidet nicht weniger als er; aber in ihrer Sphäre und als Weib ist sie geschulter, diesem Zwange zu gehorchen, ihm willig — wenn auch leidend — sich zu unterwerfen. Tasso, in seinem furchtbar beleidigten Mannesstolz, in seiner bis zur Verzweiflung getriebenen Wuth, mag sie verdammen, wie sie handelt, — wir können es nur, insofern wir in ihr das Gebot der Sitte anklagen, unter dem sie sich selbst in ihrem schönsten besten Theil zerstören mußte.

Das, was an dieser Gestalt uns so entzückt, die Grazie und Anmuth in Geist und Form bei dieser Leonore, bedingt es auch fast zugleich, daß sie nicht das Weib in ihrer Ursprünglichkeit sein kann, das in ihrer ureigensten

Natur ihre Bestimmung findet, sondern es ist das Weib, das lieber Unheil stiftet und Unheil leidet, als daß es dem sie fesselnden Vorurtheil und dem ihre eigene Natur verhöhnenden Gebot der Welt ein Opfer brächte, das ihr selbst zu Gute kommen müßte.

Dennoch aber ist Leonore eine schöne Seele, die wir bemitleiden können, weil sie nicht den Freund allein, weil sie sich selbst zum Opfer bringt — jener despotischen Welt, die sie umgibt. Das Weib ist nicht geschaffen, Schranken zu durchbrechen, welche die Gesellschaft ihrer freien Bewegung gesetzt hat, und wir können hier auf den Eingang der Analyse zurückverweisen, auf das, womit der Dichter selbst poetisch den Standpunkt des Weibes bezeichnet, wenn er die Schicklichkeit die Mauer nennt für das zarte, leicht verletzliche Geschlecht.

Wo aber bei diesem Pflichtgebot werden die Grenzen innerhalb solcher Beobachtung liegen? „Es soll die Sitte der innern Eigenthümlichkeit Gewand und Hülle sein, zart und bedeutungsvoll sich jeder edeln Gestalt anschmiegend und, ihrer Glieder Maß verkündend, jede Bewegung schön begleiten." Wenn dieses Gleichniß, welches Schleiermacher für das Gebot der Sitte anwendet, im Allgemeinen gewiß zutreffend ist, so haben wir dasselbe für diesen besondern Fall einigermaßen zu modificiren und zu vervollständigen. Fassen wir hierbei das falsche Gewand einer corrumpirten Sitte in's Auge, welches in formlosem Reifrock die Natur und Form der Glieder nicht mehr er-

kennen und nicht ahnen läßt, statt daß diese Sitte gleich
dem ewig schönen hellenischen Gewande sich leicht
dem Gliederbaue anschmiegt, und seine edlen Formen er=
kennen läßt. Für das Gemeine ist dies kein Kleid, denn
es wird sich in jeder Bewegung der Glieder verrathen,
so wie unter so leichtem Schleier sich das Schöne nicht
verbergen kann.

So zeigt sich uns auch unter dem Gewand der Sitte
die Anmuth und der Reiz Leonorens; Tasso, der hier
Natur und Freiheit fordert, wo ihm Beides nach der
Sitte nicht geboten werden darf, muß an dem Schmerz
der Täuschung erwachen, eben weil er träumte.

Aber auch Leonore geräth durch ihn in demselben
Augenblick in den schmerzlichen Conflict zwischen ihrer
innersten Natur und der Sitte, welche durch die willkür=
liche Bestimmung des rücksichtslosen Schicksals für sie
nicht mehr die zarte Gewandung bleibt, die ihrem ureig=
nen Wesen leicht sich anschmiegt, sondern für sie zum
Panzer wird, der die liebliche Gestalt niederdrückt. So
war bei ihr die zwingende Sitte stärker, als ihre ver=
feinerte Natur im Zwange ihrer Lebensstellung war, und
so mußte sich das Bessere hier dem Stärkern beugen.

Thekla.

Thekla.

Romeo und Julia, in dem siegreichen Kampfe ihrer unendlichen Liebe gegen alle feindlichen Gewalten, sind für uns das höchste, strahlendste Beispiel der über Alles triumphirenden Gewalt der Liebe. Wie aus ihnen uns die Verherrlichung des glücklichen Genusses als feurige Dithyrambe erklingt, so mögen Max und Thekla als die Ideale der liebend Entsagenden gelten können. Mit Wehmuth hören wir ihr leises Klagelied, und ihr harmonisch verschlungenes Bild erglänzt wie sanftes Mondlicht auf den Wellen am ewigen Uferrand des Meeres.

Auch Thekla ist stark und kühn in ihrer Liebe, wie sie sie begreift; aber sie beschränkt sich darauf, die Liebe selbst als etwas Ideelles zu vertheidigen, statt den Genuß der Liebe zu erkämpfen, und diese mehr im Leiden als im Handeln sich offenbarende Stärke entspricht viel mehr der deutschen Natur und Anschauungsweise.

Durch Vergleichungen werden wir immer die besten Resultate für unsre richtige Erkenntniß gewinnen, deshalb möge hier noch ein anderer Vergleich gestattet sein.

Die Zartheit der Empfindung und die holde Grazie hat Thekla mit Leonoren gemein, aber sie erfaßt das Leben und ihre Liebe in weit höherm Sinne, als Jene. Leonore resignirt, indem sie sich zwingen läßt, Thekla resignirt, weil sie gezwungen wird; was Leonore freiwillig hingibt, das wird Thekla geraubt, und wenn sie voll Ergebung resignirt, so geschieht es nicht, indem sie ihre Liebe opfert, sondern grade, weil sie ihre Liebe, die ganz ihr Dasein erfüllte, retten will.

In dieser vollkommen idealen Mädchengestalt ist dennoch der Hauch warmer Menschlichkeit, und die Wahrheit des Lebens spiegelt sich uns hier im verklärenden und verschönenden Lichte der Poesie.

Der ganzen Schiller'schen Dichtung gemäß ist auch die Gestalt der Thekla in zwei großen Abschnitten vorgeführt. Im ersten Theile des „Wallenstein" in den „Piccolomini" sehn wir die Liebe Thekla's sich entwickeln bis zur letzten Stufe des noch ungetrübten Glückes; im zweiten Abschnitt „Wallenstein's Tod" sehn wir die Katastrophe entscheidend sich gestalten, ihren Kampf und Untergang.

Wie Maria, so erblüht auch Thekla in einer Zeit schwerer Kämpfe und großer kriegerischer Unternehmen, und wie Jene, wird auch sie von der zwingenden Nothwendigkeit großer historischer Ereignisse gedrängt, und zertreten auf einem Boden, der solche zarte Blüthe nicht schützend zu bewahren vermochte.

Fern von ihrem Heldenvater war Thekla aus der Kind= heit Zeit zur Jungfrau erwachsen. Sie war ein Kind, als Wallenstein vom Kaiser fortberufen ward, das Heer zu schaffen, und da er wiederkehrte, war die Tochter un= terdessen in ein Stift getreten, so daß sie erst nach lan= ger Zeit den Vater wiedersah, den sie bis dahin kaum gekannt. Max Piccolomini, der jugendliche Liebling des Fürsten, ward ausersehn, die Gräfin Terzky schützend zu geleiten, um mit dieser die Tochter endlich wieder in des Vaters Arme zurückzuführen.

Diese Reise ward verhängnißvoll. Für Max war sie mit schlauem Vorbedacht von der Gräfin Terzky, der Schwester der Herzogin, berechnet, und wenn der Plan, der sich dahinter verbarg, anfangs zu glücken schien, so trat doch für später eine Wendung ein, die außer der Berechnung lag. Genug, für's erste lag es sehr nahe, daß auf dieser Reise in der Brust des feurig und edel empfindenden jungen Kriegers eine zärtliche und tiefe Rei= gung für Thekla, seinen jungen Schützling, sich gestaltete. Doch erst am letzten Tage der langen Reise sprach das erste Liebeszeichen aus seinem Herzen zu dem ihrigen. Es war, wie wir es später erst von ihm erfahren, in einem Jagdschloß, dem letzten Ruhepunkt des ganzen Wegs; da standen sie allein, die Blicke stumm auf's Feld hin=

ausgerichtet. Da wagte er's, den Kummer ihr auszusprechen, den er bei diesem letzten Zusammensein empfand,
daß er sobald nun von seinem Glücke scheiden müsse, daß
er wieder dann ein Fremder für sie sein werde. —

„Sprechen Sie mit meiner Base Terzky", fiel schnell
das Mädchen mit bewegter Stimme und hoch erröthend
ein; ihr Blick hebt langsam dann sich von der Erde empor zu ihm und trifft sein Auge, — und in schneller
stürmischer Umarmung drückte er den Liebeskuß auf ihre
unentweihten Lippen. Doch überrascht durch das Erscheinen der Gräfin Terzky war's hiermit genug und weiter ward des Einverständnisses bis zur Ankunft in des
Fürsten Haus nur stumm gedacht.

Während nun Thekla am Herzen des Vaters ruht,
dessen ehrgeizige Pläne auch im Anschauen des Kindes
sich nicht verborgen halten, kann sich bei Max wohl die
Besorgniß erneuen, daß die verwandtschaftlichen, neu und
fester geknüpften Bande ihm Thekla wiederum entfremden.

Die Gräfin Terzky aber weiß durch gefällige Ver-
traulichkeit sein Herz zu erleichtern, denn sie ist es, die
den ursprünglich nur vom Fürsten und von ihrem Gatten unternommenen Plan mit schnellem scharfem Blick
durchschauend, jetzt selbst in ihre Hand zu nehmen gedenkt. Sie ist dafür am meisten berufen, durch ihren
Verstand und durch die bereits vorhandene Vertrauens-
stellung, die ihr zwischen Max und Thekla bereits durch
die Gelegenheit geworden ist.

Nach den von Mar ihr gemachten Geständnissen, die
Jener froh ist in ein theilnehmendes Herz zu ergießen,
will nun auch ihm die Gräfin eröffnen, was er von The=
kla's Neigung zu erwarten habe, so weit sie sich ihr nach
jener überraschenden Scene im Jagdschloß verrathen hat.

Doch Thekla tritt dazwischen und findet es sogleich
gerathner, jede Vermittelung dabei zu umgehn. Sie
hat doppelten Grund dazu, wenn sie mit liebenswürdiger
Offenheit es ausspricht, daß Mar es besser von ihr selbst
erfahre, wie sie gegen ihn gesonnen sei.

Mar aber steht versunken in ihren Anblick da, denn
jetzt erst, sagt er, jetzt habe er wieder Muth, sie anzusehn;
heute konnt' er's nicht, da der Glanz der Edelsteine ihm
die Geliebte verbarg.

Fein und verständig, wie Wallenstein der Tochter Rede
fand, antwortet sie auch auf diese Worte des Geliebten:
daß dann sein Auge nur und nicht sein Herz sie sah.
Wie wenig sie von dem Glanz der Diamanten hält, die
sie schmückten, das spricht sie selbst am treffendsten aus,
wenn sie von dieser „Mummerei" nichts mehr hören will,
nachdem sie schnell genug die lästige Bürde abgeworfen
hat. Daß aber diese tröstende Eröffnung Mar noch keine
völlige Zuversicht gewährt, erkennt sie mit Betrübniß. Er
ist nicht heiter, sagt sie zur Gräfin und fügt die Klage hinzu,
daß diese ihn so schwer gestimmt habe. Sie fand ihn an=
ders auf der Reise, „so ruhig hell, so froh beredt", und sie
wünschte, „ihn immer so zu sehn, und niemals anders."

Thekla kann es gern zugestehn, daß Vieles in der neuen Umgebung sie reize, aber es ist eben nicht das Neue, sondern es ist das Wiederklingen alter Erinnerungen; die bunte, kriegerische Bühne erneuert ihr vielfach ein liebes Bild aus frühster Jugend und macht ihr nun zur Wahrheit, was bis dahin ihr nur als ein schöner Traum erschien. Weil aber in diesem so bedingten Reiz des Neuen eben nur das treue, liebevolle Bewahren bereits halb verlornen Besitzthums zu finden ist, so kann sie in solchem Sinne es auch nicht gelten lassen, was Max befürchtet, daß in der neuen Welt, die ihr jetzt huldigt, der Neuheit wegen, sie den sichern Schatz, den sie im Herzen trägt, vergißt; ja, wenn sie das heitre Spiel des Lebens in seinem äußern Glanze gemustert hat, kehrt sie nur froher zu ihrem schönern Eigenthum zurück.

Dieser gläubige Sinn, mit welchem sie dies schönere Eigenthum als etwas Dauerbares, Sicheres betrachtet, das ihr nimmermehr verloren gehn kann, gibt ihrem ganzen Wesen schon in diesem ersten Stadium ihrer Liebe die ruhige Harmonie, deren Max noch entbehrt; aber sie zeigt auch zugleich die Festigkeit ihres Charakters, der, hiernach zu schließen, auch in den größten Gefahren nicht sich selber untreu werden wird.

Eben so wenig aber kann es uns überraschen, daß bei dieser so ruhigen und klaren Anschauung des Lebens ihr Blick die Verhältnisse vollkommen durchdringt; wie sie es schnell durchschaut hat, daß diese Vermittelungsrolle, welche die Gräfin Terzky bei ihr freiwillig übernommen hat, eine Intrigue befürchten läßt, die ihrer Liebe eher Gefahren droht, als Glück bereiten könnte.

Sie benutzt daher die kurze Entfernung der Gräfin, um den so ganz offen sich hingebenden Geliebten schnell zu warnen: Er möge ihnen nicht trau'n, sie meinen's falsch; er möge Niemand hier trau'n, als ihr allein. Mehr vermag sie ihm für jetzt nicht zu sagen, weil sie mehr als das selbst nicht wissen kann, doch so viel erkennt sie bereits: sie haben einen Zweck.

Wir werden diesen Zweck bald errathen können, wenn wir auf die politische Situation blicken, in der bereits die Keime zu den sich Schritt für Schritt entwickelnden nachfolgenden Ereignissen liegen. Das Genie Wallenstein's empört sich bereits gegen die Abhängigkeit, in welcher seine großen Fähigkeiten an die Politik des Wiener Hofes gefesselt sind. Sein Genie und sein Ehrgeiz arbeiten schon vereint daran, die ungeheure Macht, die er in Händen hat, zur Lostrennung von jenen höfischen Intriguen zu benutzen, und die Unabhängigkeit sich zu verschaffen, die ihn endlich zum Abfall von dem Kaiser treibt. Doch es bedarf hierbei aller Vorsicht bei dem gewagten Spiel, und er muß, ehe dies folgenschwere Ereigniß eintreten kann, zuvor des sichern Beistandes aller Führer in seinem Heere gewiß sein. Er weiß es, daß die kindliche Liebe und die Pflicht des Dankes, welche Max Piccolomini an den geliebten Feldherrn fesselt, nicht hinreichende

Bürgschaft ist, daß dieser sich ohne Weiteres gegen den Kaiser wendet. Deshalb soll Thekla unbewußt als Mittel dienen, den jungen, vom strengsten Pflichtgefühl beseelten Helden an Wallenstein zu fesseln. Deshalb ward beschlossen, daß grade er Thekla aus dem Stift in des Vaters Haus zurückgeleiten solle, und die Schwester der Herzogin, die Gräfin Terzky, übernimmt es, Hoffnungen in der Brust des jungen Piccolomini zu erwecken, deren ernstliche Erfüllung keineswegs im Zwecke der Intrigue liegt.

Diesen ganzen Plan vermag für jetzt Thekla noch nicht zu durchschauen, wohl aber ist ihr so viel klar, daß man „einen Zweck" habe. Ihr Mißtrauen beschränkt sich nicht allein auf die Gräfin, sondern sie fühlt, daß selbst ihr Vater in diesem Falle mehr Politiker als Vater ist.

Max setzt diesem Mißtrauen der Geliebten seinen ganzen Enthusiasmus für den eben so großen als gütigen Feldherrn entgegen, und befremdet sieht er bei seinen Lobpreisungen und seinem unbedingten Glauben an Wallenstein in das zweifelnde Auge Thekla's.

Thekla weiß ihm nichts auf seine erstaunte Frage zu antworten, als: sie finde ihren Vater „zu beschäftigt", als daß er Zeit und Muße haben könnte, an ihr Glück zu denken. Dies Gefühl des Zweifelns an der Aufrichtigkeit der Umgebung bedrängt sie bereits so stark, daß sie die Hand des treuherzigen Schwärmers ergreift, mit der Bitte, ihr zu folgen.

„Laß nicht zu viel uns an die Menschheit glauben."
Wahrlich, man sollte voraussetzen, daß nur schmerzliche
Erfahrungen zu solcher Weltanschauung führen konn=
ten, und gerechtfertigt können wir sie bei Thekla nur mit
Rücksicht darauf finden, daß Mar in seinem offnen liebe=
vollen Wesen, in seinem klaren treuen Auge ihrem scharfen
Blick der Liebe ganz den Unterschied zur Erkenntniß
brachte, der zwischen ihm und Jenen herrscht, die sie in
ihrem und in seinem ganzen Kreise kennen lernte. Sie
fühlt, wie eigenthümlich die Stellung ist, die sie mit Rück=
sicht darauf gegen ihn einnimmt. Sie sagt:

Ich sollte minder offen sein, mein Herz
Dir mehr verbergen: also will's die Sitte.
Wo aber wäre Wahrheit hier für dich,
Wenn du sie nicht auf meinem Munde findest?
Wir haben uns gefunden, halten uns
Umschlungen fest und ewig. Glaube mir!
Das ist um Vieles mehr, als sie gewollt.

Daß Thekla in dieser letzten Behauptung vollkommen
Recht hat, zeigt sich schon in dem Folgenden. Die Gräfin
Terzky kehrt zurück und findet es nöthig, Beide schnell
zu trennen. Mar soll zu ihrem Gatten und zum Für=
sten sich verfügen. Thekla, indem sie ganz unverstellt ihn
an sich fesseln will, spricht es offen aus, daß er für jene
Gesellschaft gar nicht tauge, so daß die Gräfin sie fast
gereizt befragt, ob sie ihn lieber ganz für sich behalten
möchte. Mar will gehn, denn er muß gehorchen. Thekla

aber, wie im Schmollen eines liebenden Kindes, gibt ihm nicht sein Lebewohl zurück — er möge gehn — kann er's, wenn sie ihm zürnt —? Kann sie aber zürnen? Mit Heftigkeit wirft sie sich an seine Brust, eh' sie ihn von sich läßt. Der Egoismus der Liebe, selbst der reinsten wahrsten Liebe, zeigt sich auch hier.

Max ist gegangen. Die Gräfin aber findet nun schon nöthig, halb und halb die Maske zu entfernen, indem sie das „Fräulein Nichte" mit Entschiedenheit zur Rede stellt, daß sie mit ihrer Person sich nicht „theurer" mache, daß sie vergißt, „wer sie sei und wer er ist".

Thekla will trotzig solche Frage nicht verstehn; mit reizender Naivetät fragt sie: Was denn?

Aber die Gräfin ist im Zuge, und bemüht sich, ihr nachdrücklichst das Unpassende eines so schnellen Entgegenkommens und gar einer möglichen Verbindung klar zu machen. Sie ist erstaunt und bestürzt, daß das „Fräulein Nichte" auch nur im entferntesten solche Gedanken hegt. Mit allerliebster Schelmerei sucht diese nun die überraschte Gräfin ein wenig zu düpiren. Sie meint, sein Vater, Graf Octavio, würde nichts dagegen haben. —

Sein Vater! ruft die Gräfin, und der eure, Nichte? Thekla aber meint, man fürchte doch, wie es schiene, nur seinen Vater, da man es grade vor ihm so sehr verheimlicht.

Diese Wendung, welche die politische Pointe der ganzen Sache trifft, frappirt die Gräfin, und mit forschend scharfem Blick sagt sie ihr in's Gesicht: Nichte, ihr seid falsch.

Die Nichte aber spielt hierauf ein wenig das Schmei=chelkätzchen; sie bittet wiederholt die Gräfin, daß sie „gut sein" möge. Doch der Zusammenstoß der Interessen ist einmal erfolgt, der Schleier ist hinweggerissen, und so muß es der Gräfin am Herzen liegen, wenigstens nun mit Offenheit entschieden gegen eine Störung des ange=legten Plans zu kämpfen. Nicht um ein glücklich Paar zu machen, so eifert sie, habe der Fürst sein Leben in kriegerischer Arbeit aufgewendet und jedem stillen Erben=glück entsagt. Was Max betrifft, so wäre „diese Saat" vom Fürsten nicht gepflanzt worden, auf daß Thekla „mit kindischer Hand die Blume bräche", um sie zur leichten Zier an den Busen zu stecken. Nun wohl, entgegnet Thekla auf diese unzweideutige Erklärung, so könnte das, was er nicht ihr gepflanzt, ihr doch freiwillig die schönen Früchte tragen.

Da von dieser Seite keine Sinnesänderung Thekla's zu bewirken ist, versucht die Gräfin mit eindringlicher Er=mahnung ihr eine andre Auffassung des sittlichen Ge=dankens der Liebe beizubringen. Zuerst möge sie sich be=sinnen, wo sie sei, möge sich erinnern, daß sie nicht in ein Freudenhaus getreten wäre, sondern daß das große Schicksal ihres Hauses auf der Wage liegt, daß keine kindischen Gefühle und kleinen Wünsche ihren Willen lei=ten dürfen. Zu beweisen habe sie, daß sie „des Außer=

ordentlichen Tochter" sei. Das Weib dürfe nicht sich
selber angehören, sondern sei an fremdes Schicksal fest gebunden. Die aber sei die beste, die sich Fremdes aneignen könne, um es dann mit Liebe zu tragen und
zu pflegen.

Doch solche klösterliche Lehren, die darauf zielen, den
freien Willen des Individuums zu unterwerfen, kann
Thekla nicht als berechtigt anerkennen, seitdem sie liebt.
Das Schicksal, sagt sie, habe ihr den gezeigt, dem sie sich
opfern solle, denn

> Der Zug des Herzens ist des Schicksals Stimme.
> Ich bin die Seine. Sein Geschenk allein
> Ist dieses neue Leben, das ich lebe.
> Er hat ein Recht an sein Geschöpf.

So ist denn hiermit die Gräfin endlich bis zum Aeußer-
sten getrieben; da Alles an Thekla's festem Herzen ab-
prallt, hat sie keinen Grund mehr, Umschweife zu machen.
Das, sagt sie, könne nimmermehr des Fürsten Wille sein,
daß seine Tochter wie ein verliebtes Mädchen sich geberde,
sich wegwerfend an den Mann, der solchen hohen Lohn,
wenn er ihm je bestimmt ist, mit dem höchsten Opfer
bezahlen soll, das die Liebe bringen kann.

Das heißt mit trocknen Worten: für seine Liebe zu
Thekla, und für die Hoffnung, sie besitzen zu dürfen,
soll er sich dem Fürsten, der ihn braucht, mit Leib und
Leben verkaufen, für Alles, was dem Fürsten gut
dünkt.

Diese rückhaltslose Sprache hat endlich Thekla ihre böse Ahnung zur Gewißheit gemacht. Jetzt, kann sie sich sagen, ist's entschieden, und die Liebenden haben keinen Freund hier, als sich selbst. Jetzt hat sie die Gewißheit, daß ihr harte Kämpfe drohn, denn jenes „höchste Opfer", das man um ihren Preis von Max verlangt, ist nichts Geringeres, als ein Bruch mit seinem Ehrgefühl, ein Aufgeben seines stolzen männlichen Selbst. Es sind nicht frohe Zeichen, die dem Bündniß ihrer Herzen leuchten. Von ihrer Liebe aber fordert sie die Kraft, um jene unheildrohenden feindlichen Gewalten siegreich zu bekämpfen.

So war die Situation, in der wir Thekla im ersten Abschnitt der Tragödie gegen das tragische Verhängniß sich wappnen sahn, und so finden wir sie im zweiten Theile wieder. Der Gräfin ist es unerträglich geworden, daß Thekla seit lange schon mit keinem Worte des Piccolomini gedenkt. Und warum sollte Thekla die Liebe, die nun Beide still verbindet, ferner wollen durch die entweihende Berührung Derer angegriffen sehn, denen sie nur als ein unverständliches Luftphantom erscheint? Die Gräfin Terzky äußert, daß sein stilles Verhalten grade jetzt, da er um Alles wisse, ihr nicht gefiele. Denn jetzt, meint sie, wäre es Zeit, sich zu erklären. Thekla blickt sie mit großen Augen an und kann sie nicht verstehn, kann es oder will es nicht.

Die Gräfin muß sich deutlicher erklären. Bei Thekla, sagt sie, stünde es, dem Vater einen großen Dienst zu leisten. Max Piccolomini liebe sie, und Thekla — so fährt die Gräfin fort — könne dadurch ihn unauflöslich an den Vater binden. Er hängt am Kaiser, — — „nicht mehr, als Pflicht und Ehre von ihm fordern", entgegnet Thekla.

Von seiner Liebe aber soll er Proben geben, nicht von seiner Ehre; er soll dem Kaiser entsagen, oder — seiner Liebe. Die Waffe nur niederzulegen, um diesem schweren Zwiespalt zu entgehn, das genügt dem Fürsten nicht, er soll für ihn den Degen brauchen, da Wallen= stein — so endlich muß das Wort heraus — vom Kai= ser abgefallen sei, und im Begriff stehe, mit seinem Heere sich zum Feind zu schlagen.

So ist denn nun Alles ausgesprochen, was bis dahin nur in banger Ahnung Thekla's Herz beängstigte; jam= mernd denkt sie — nicht des Geliebten, den sie verlieren soll, nein, erst ihrer Mutter, die diese Schreckensnachricht zu Boden werfen wird. Was Max betrifft, so dünkt sie sich getrennt von ihm auf immer, und der Gräfin Er= innerung, daß er von ihr nicht lassen könne, und daß sein Entschluß gefaßt sein müsse, wenn er sie wirklich liebe, auch das bringt keinen Hoffnungsstrahl in ihre Seele, denn daß sein Entschluß sehr bald gefaßt sein werde, daran zweifelt Thekla keinen Augenblick, und was sollte auch von einem Entschluß hier noch die Rede sein, — er ist für sie verloren, muß es sein!

Kann hiernach Thekla noch Kraft gewinnen, der Mutter, wenn auch mit heißem Thränenstrom, helfend und tröstend beizustehen, so kann sie des Vaters Anblick jetzt nicht ertragen, und der fürchterlichen Beängstigung sucht sie sich durch die Flucht zu entziehen.

Der Herzog wünscht seine sorgenvolle Stirn durch seiner Tochter guten milden Geist erheitert. Sie soll ihm durch Gesang und Citherspiel den bösen Dämon vertreiben, der um sein Haupt die schwarzen Flügel schlägt.

Thekla soll heiter erscheinen — soll singen in ihrer fürchterlichen Herzenspein, und vor ihm, durch den sie ihre Mutter in's Grab geschleudert sieht, durch seines Ehrgeizes finstre unheilvolle Mächte. Ihr ganzes Inneres empört sich in schwerem schmerzlichem Kampfe, — sie wirft die Cither von sich — und entflicht.

Wallenstein wird durch die Hemmnisse, die gegen seine Pläne sich erheben, nur starrer, unbeugsamer. Sein ganzer, schrankenloser Hochmuth bäumt sich auf, da seine Gattin für Thekla's reine Liebe und deren so werthen Gegenstand das Wort zu ergreifen wagt. Die ihn verzehrende Leidenschaft politischen Ehrgeizes hält ihn ganz in ihren Banden und läßt ihn darin zu Grunde gehn.

Mar und Thekla stehen nun für den letzten, schwersten Kampf gerüstet da. Das stille Glück der Liebe zu genießen, diesen schönen Traum, der ihnen einst im ersten freudevollen Rausche die Hoffnung vorgegaukelt, sie haben ihn für alle Zeit verloren, unwiederbringlich. Und wäre es auch noch möglich, daß Wallenstein den Hochmuth fahren ließe, der ihn auf eine nur geträumte Höhe lockt, wäre es noch möglich, daß er, um Max sich zu erhalten, Thekla's Hand um dies Geringere als um ein Königsdiadem erwerben ließe, so stehen dennoch Max und Thekla entschlossen da, sich ihre Liebe rein und ohne Makel zu erhalten. Max, um seinem Eide, der ihn an den Kaiser bindet, treu zu bleiben, reißt mit blutendem Herzen von Wallenstein sich los. Im fürchterlichen Kampfe widerstreitender Gefühle, um eine Stimme zu vernehmen, der er unbedingt folgen könne in allem seinem Handeln, befragt er Thekla selber, daß sie ihm den einzig rechten Weg bezeichnen soll, den er zu wandeln habe. Ihre Liebe will er fragen, die nur den Glücklichen beglücken könne, vom unglückselig Schuldigen aber sich wenden müsse, sie soll ihm sagen, ob sie ihn noch lieben könne, wenn er bleibt! Alles soll sie erwägen, soll bedenken, daß Max auch ihrem Vater Liebe und Dankbarkeit schuldig sei, und dann soll sie entscheiden; wie sie's fühlt, das müsse das Richtige, das Wahre sein. Sie aber, in gleichem Vertrauen zu seinem Ehrgefühl, weist die Entscheidung auf ihn zurück; er, sagt sie, habe längst entschieden, und was sein Herz sogleich zuerst ergriffen habe, das sei das Rechte.

Geh' und erfülle deine Pflicht! Ich werde
Dich immer lieben. Was du auch erwählst,
Du würdest edel stets und deiner würdig
Gehandelt haben — aber Reue soll
Nicht deiner schönen Seele Frieden stören.

————————————

Wie du dir selbst getreu bleibst, bist du's mir;
Uns trennt das Schicksal, unsre Herzen bleiben einig.

So erfolgt die Trennung. Beide bringen das schmerzliche Opfer des Entsagens, und das tragische Geschick
Thekla's könnte man hiermit als erfüllt betrachten; denn
die Nachricht von dem Tode des Geliebten ist kaum geeignet, den Schmerz in ihrer Brust noch zu steigern, den
sie bereits freiwillig über sich genommen hatte. Doch
mag damit noch der schwarze Schleier des Todes über
die liebliche Gestalt geworfen werden.

Die Nachricht von der Schlacht trifft sie in Eger,
wohin sich Wallenstein im Kreise der Seinen begeben
hat. Die erste Botschaft lautete nur, der „kaiserliche
Oberst" sei in diesem Kampfe mit den Schweden gefallen,
und sie, das Schreckensvolle schnell ahnend, eilte dem Boten entgegen, dem sie durch stürmische Fragen das unglückliche Geheimniß zu entreißen wußte.

Aus ihrer Ohnmacht, in welche die Bestätigung seines verzweiflungsvollen Todes sie warf, wieder zum Bewußtsein gelangt, richtet sie an die Ihrigen die Bitte, daß
es ihr gestattet werde, mit jenem schwedischen Hauptmann

allein zu sprechen. Sie will Alles wissen, das würde sie ruhiger und gefaßter machen. Sie will jetzt keine Schonung, nachdem das Schrecklichste bereits gesagt ist, und ihr zur Beruhigung wird dieser dringende Wunsch ihr endlich gewährt.

Was wir aus dieser schönen und wahrhaft rührenden Erzählung des schwedischen Hauptmanns erfahren, hat nur Bezug auf Max Piccolomini's Schicksal. Max wollte sterben; mit dem Muthe eines Verzweifelten stürzte er sich den feindlichen Lanzen entgegen, und fand unter den Hufen der Pferde seiner Getreuen den sehnlichst gewünschten Tod. Thekla vernimmt die Botschaft in ihren Einzelheiten mit so viel Fassung, als die Gesetze der Natur ermöglichen. Nur einen Gedanken hat sie jetzt noch: dorthin zu eilen, wo der Theure begraben liegt. Nach Sanct Kathrinenstift, wo ihn die Schweden am selben Tage erst bestatteten, treibt sie es jetzt mit jeder Fiber hin. Nachdem sie mit tief bewegtem Dank den schwedischen Hauptmann entlassen, indem sie ihm, dem menschlich Fühlenden, als Angedenken dieser Stunde einen Ring übergeben, theilt sie mit eiliger Hast den Plan zur Flucht ihrer mit ganzer Liebe ihr ergebenen Freundin mit, und achtet keiner Bitten, keiner Vorstellungen und Warnungen, die sie in ihrem festen Entschlusse wankend machen sollen.

Dort, ruft sie, dort, wo er bestattet liegt,

Ist Alles, was noch übrig ist von ihm;
Der einz'ge Fleck ist mir die ganze Erde!

Was hat sie jetzt noch nach des Vaters Zorn, was nach dem höhnenden Tadel der Welt zu fragen? Selbst ihrer Mutter, die sie zärtlich liebt, kann sie den Schmerz nicht ersparen. Sie hat geopfert, hat getragen, was man tragen konnte, und dafür begehrt sie jetzt nichts weiter, als in des Geliebten stiller Gruft zu enden.

Unwiderstehlich zieht sie's zu seinem Grabe fort, die Räume dieses Hauses füllen sich mit bleichen hohlen Geisterbildern an und eine dunkle Macht treibt sie hinaus zu seiner Ruhestätte. Die Treuen seiner Schaar, die sich rächend ihm geopfert haben, sie wollten mit ihm sterben, und sie — sie sollte leben? Das Leben sah sie erst, seitdem sie ihn erblickte, sie wirft es hin, „da sein Gehalt verschwunden."

Mit diesem Entschlusse entflieht sie dem finstern unheilvollen Hause, und — wir erfahren weiter nichts vom Ende ihres tragischen Geschicks.

———

„Das ist das Loos des Schönen auf der Erde." Diese Worte, mit welchen Thekla den hingeopferten Geliebten beweint, sie haben nicht allein für ihn, sie haben auch für sie selbst besondere Bedeutung. Thekla's Charakter, wie er sich in dem Mitgetheilten uns entwickelt hat, bie-

tet keine pſychologiſchen Tiefen, bei denen wir wie vor
nur halb enthüllten Geheimniſſen fragend verweilen könnten. Bei ihrer Neigung zur Reflexion, bei ihrer klaren
Erkenntniß des in uns waltenden ſittlichen Geſetzes iſt
auch ihr Handeln überall der beſtimmte Ausdruck dieſer
ihrer intellectuellen geiſtigen Thätigkeit.

Wenn wir aus dieſem Grunde nirgends nach den ihr
Handeln beſtimmenden Urſachen zu fragen mehr nöthig
haben, ſo bleibt uns bei ihr nur der eine Zweifel übrig,
ob das ſittliche Motiv, was ſie ſelbſt zum Wendepunkte
ihres Geſchickes macht, auch berechtigt war, für ſie und
Max die tragiſche Löſung herbeizuführen. Bei ihr ſehn
wir das Loos des Schönen auf der Erde im liebenden
Entſagen. Doch wie wir geſehn haben, entſagt ſie nicht,
wie Leonore, aus beſchränktem Geſichtskreis der eingebil-
deten Standesehre, nein, ſie entſagt, weil ſie des Geliebten Ehre in Frage geſtellt ſah, und weil ſie ihrer Beider Liebe rein und ungetrübt aus dieſem Streite retten
will, an ihm war es daher, den rechten Weg ſelbſt zu
beſtimmen, den er zu gehn hat. War ſie danach im
Irrthum, ſo war ſie's nur, weil ſie mit unbedingtem Vertrauen von dem Mann ihrer Liebe das Richtige erwartete.

Daß aber Thekla's Liebe in einem idealen Daſein wur-
zelte, mit welchem ſie ohnehin in dieſem Leben einen andern, entſprechendern Ausgang nicht zu ſuchen brauchte,
das ſpricht ſie ſchon Angeſichts der drohenden Gefahren
deutlich aus. Max ruft mit ahnungsvollem Kummer:

O, werden wir denn jemals glücklich werden! Und beruhigend antwortet hierauf Thekla:

Sind wir's denn nicht? Bist du nicht mein? Bin ich
Nicht Dein?

Mag also kommen, was da wolle, — daß sie sich lieben und ewig lieben werden, das ist ihr des Glücks genug. Auf dieser vollkommen idealen Anschauung fußt dann auch einzig und allein die Kraft ihrer Resignation, bei welcher sie, selbst im tödtlichsten Schmerz der Trennung, sich mit der Dauer ihrer Liebe zu trösten weiß. Sie erkennt selbst die Nothwendigkeit, mit solcher Liebe eine andre Welt zu suchen, indem sie sagt:

Das ist kein Schauplatz, wo die Hoffnung wohnt!
Nur dumpfes Kriegsgetöse rasselt hier,
Und selbst die Liebe, wie in Stahl gerüstet,
Zum Todeskampf gegürtet, tritt sie auf.

Aus solcher Ueberzeugung erklärt sich dann hinlänglich der ruhige und feste Entschluß, da der Geliebte erst unwiederbringlich dahin ist, ihm zu folgen auf seinem dunkeln, ungewissen Gange. Und was sie sang, da sie noch, voll von dem himmlischen und sie beseligenden Gefühl, die Pforten des irdischen Glückes vor sich geöffnet sah, das sollte sie sich dann als Trost vor ihrem Heimgang sagen können:

Ich habe gelebt und geliebet.

Sie scheidet nicht mit diesem Troste, indem sie mit zerrissenem Herzen die Stätte flieht, wo bald darauf, noch

in derselben Nacht, die blutige Nemesis erscheint und durch
Verrath und Mord grimmig Opfer fordert. Fern aber
von dem schrecklichen und liebeleeren Hause, einsam im
stillen Klosterstifte — da wird der junge Held vielleicht
im Todesschlafe die Hand der Liebe fühlen, die sich ster=
bend auf seine blutige Stirn legt. In ferner Stille und
Einsamkeit wird hier die Liebe Frieden haben, und jede
Thräne, die hier um Max und Thekla fließt, wird auch
leise um „das Loos des Schönen auf der Erde" klagen.

Gretchen.

Gretchen.

Was faßt mich für ein Wonnegraus?
Hier möcht ich volle Stunden säumen.
Natur! Hier bildetest in leichten Träumen
Den eingebornen Engel aus!

Zu solchen Gefühlen und zu solchem Ausdruck seiner Empfindungen wird Faust, der nur den sinnlichen Genuß
suchte, schon durch die mächtige Einwirkung der bloßen
Atmosphäre in Gretchen's Zimmer erhoben, und so wird
ein Jeder empfinden, der — mit der Absicht zu kritisiren
und zu analysiren — sich dem Heiligthum dieser poetischen Schöpfung naht. Bei der vollendeten Wahrheit
dieses Gemäldes, das so einzig in der Weltliteratur dasteht, wie die ganze Faustdichtung in ihrem allumfassen-
den Gehalte, bei dem so warm pulsirenden Leben in dieser poetischen Gestalt könnte man in der That vergessen,
daß es eine Dichtung ist, wenn neben der Individualität
Gretchens nicht andere Fäden uns an den Dichter kette-

ten und es uns erleichterten, ihm in seine geistige Werk=
statt zu folgen.

Die Bedeutung Gretchens in dieser Dichtung ist, wie
hier erläutert werden soll, eine dreifache. Wir erken=
nen in ihr zunächst eine bestimmte und scharf begrenzte
Individualität, daneben aber sehen wir in ihr den
nothwendigen Theil der eigentlichen Faust=Idee, wie
sie Goethe erfaßte, und endlich betrachten wir sie als die
Repräsentantin der Gattung, der Gattung des Wei=
bes und seiner tragischen Bestimmung in allen seinen
erschütternden Lebensbeziehungen.

Suchen wir, um Schritt für Schritt weiter zu kom=
men, die sehr wesentliche Mitwirkung Gretchens an der
Lösung der Idee festzustellen, so werden wir zuvörderst
auf diese metaphysische Idee der Faustdichtung — das
Problem unsrer geistigen Existenz in den durch
unsere menschliche Natur uns vorgezeichneten
Schranken — in wenigen Worten hinzudeuten haben.

Es ist eine wunderbare Eigenschaft der volksthümlichen
Sage, daß sie in größter Naivetät, ja auf dem Gipfel
dieser Naivetät, unmerklich und unbewußt ein tiefes in
das Geschick des Menschen einschneidendes Problem be=
rührt. Aus der trivialen und einfachen Zaubersage von
dem Schwarzkünstler Faust, der, von falschem Wissens=
drang getrieben, sich den Teufel zum Bundesgenossen
nahm und dafür zur Hölle verdammt wurde, ist die tiefste,

sinnigste Dichtung entstanden, die den Menschen in seiner ganzen umfassenden Bedeutung zum Vorwurf hat *).

Der Drang und Kampf des schwachen, sterblichen
Menschen gegen die Schranken und unlösbaren Bedingungen seiner menschlichen Existenz, dieser schmerzliche Kampf,
der sein Wollen und sein Können in einen endlosen
tragischen Conflict bringt, dieser eigentliche Faustgedanke
besteht im Menschen, so lange der Mensch besteht.

Gingen wir zurück in der Geschichte der Menschheit
bis zu ihrem Uranfange, so könnten wir erkennen, daß
schon Adams Sündenfall, der Drang des ersten Menschen,
den Apfel der Erkenntniß zu genießen, die erste Form
für die Faust=Idee war.

Hiernach ward in der Mythe Prometheus der
menschliche Dulder und er blieb in der alten Welt dieser
verkörperter Gedanke, bis aus dem Zauberkessel des Mittelalters allmälig sich die Faust=Idee entwickelte. Pro-

---

*) Eine Tragödie „Doctor Faust" schrieb schon Christo-
pher Marlowe, ein Vorgänger und Zeitgenosse Shakespeare's,
und nächst diesem vielleicht das größte Genie, welches die
ältere englische Literatur aufzuweisen hat. Daß nach ihm dieser Stoff wieder und immer wieder zum Gegenstand der Poesie
gewählt wurde, liegt in der unter dem äußerlichen Teufelsspuk
schlummernden tiefen, symbolischen Bedeutung dieser Sage genugsam begründet.

metheus aber, der Halbgott, der den Menschen das himm=
lische Feuer brachte, um sie zu beglücken, er konnte für
eine That gestraft werden; Faust hingegen leidet für die
nach der That ringende Ohnmacht; und das — im
Gegensatz zu dem mythischen Prometheus — ist der
wahre Mensch.

Faust will sich aus seiner durch seine Existenz ihm
bestimmten Sphäre, aus seiner menschlichen Natur her=
ausdrängen, er will — ein Ebenbild der Gottheit —
nach dem Spiegel ewiger Wahrheit ringen, will mit Gei=
stern schweben und gleicht doch nur dem Geist, den er
begreift, nicht jenem Erdgeist, der in der elementarischen
Natur die Gottheit selber vorstellt, und deren innerstes
geheimstes Wirken der Mensch zu schauen sich nie ver=
messen soll. Faust stürmt verzweifelt nach einem größern
Erkennen, er will in dem Gefühle seines hohen Erkennt=
nißdranges nicht dem Wurme gleichen, der den Staub
durchwühlt. Faust hat mit der vorhandenen Welt gebro=
chen, mit der Welt, die seinem göttlichen Drange nicht
genügt. Er selbst hat sie sich zerstört, die schöne Welt,
und er sucht vergeblich einen Ersatz, er sucht ihn in Re=
gionen, die nicht ihm, dem Menschen angehören, und des=
halb muß er in seinem Beginnen zu Grunde gehn. *)

*) In der erwähnten höchst bedeutenden Tragödie des eng-
lischen Dichters Marlowe „The tragical history of Doctor
Faustus“ wird am Schlusse, nachdem Faust von den Teufeln

Es ist also die ewig bestehende Frage zwischen Himmel und Erde, welche Faust zu lösen unternimmt. Ein
göttlicher Drang erfüllt ihn, und menschliche Ohnmacht
verzehrt ihn.

Er selbst schildert den Zwiespalt seiner Natur:

Zwei Seelen wohnen, ach! in meiner Brust,
Die eine will sich von der andern trennen,
Die eine hält in derber Liebeslust
Sich an die Welt mit klammernden Organen,
Die andre hebt gewaltsam sich vom Duft
Zu den Gefilden hoher Ahnen.

Mephistopheles, der verneinende Schalk, soll diesen Zwiespalt, diesen Kampf der beiden Naturen zur Entscheidung
bringen.

Mephistopheles ist berufen, ihn an die Sinnenwelt
zu fesseln, ihn von seinem Streben nach den Sternen,
d. h. nach allem Höhern, abzuleiten, — und dazu soll
ihm Gretchen dienen.

—

zerrissen worden ist, die Moral einfach und trocken, aber klar
und verständlich von dem Chor also ausgesprochen:

Gebrochen ist der Zweig, der nach den Wolken strebte,
Faust ist dahin. Betrachtet seinen Sturz,
So daß sein Mißgeschick den Klugen warne
Verbotner Weisheit grübelnd nachzugehn,
Denn ihre Tiefe lockt vorschnellen Erdenwitz,
Zu thun, was hier und dort der Seele wenig nützt.

Mit dem Trank, der ihn verjüngen soll, will er ihn auch zugleich der Sinnenluſt gewinnen, denn durch eben dieſen Trank ſoll er den Reiz des Weibes erſt erkennen.

Trotzdem bildet Gretchen in ihm gewiſſermaßen den Widerpart Mephiſto's. Ihre urſprüngliche, reine Natur iſt ſo wenig in Conflict mit der Welt gerathen, daß Alles, was ſie empfindet, ihrem eigentlichen innerſten Weſen ent= ſtrömt. Dieſe Naivetät iſt nicht nur für uns, die wir dieſem wundervollen Spiegelbilde einer reinen Menſchen= ſeele nahen, unendlich rührend, ergreifend, dieſe Naivetät muß grade Fauſt mehr als jeden Andern feſſeln, weil grade er, der ſich (im Gegenſatze zu Gretchen) im höch= ſten Conflict mit der Welt befindet, ſolcher Urſprüng= lichkeit bedarf, um nicht ſchon früher zu Grunde zu gehn.

So hatte Mephiſtopheles ſich von vornherein in dem Mittel vergriffen, Fauſt ſich zu eigen zu machen. Er hatte ſich in mehrfacher Hinſicht vergriffen, denn erſtens hat er ſich in Fauſt's Natur getäuſcht. Fauſt will ihm, dem Böſen angehören, ſobald dieſer es erreicht habe, daß ein Genuß auf dieſer Erde ihn ganz befriedigen würde, ſo befriedigen, daß er den Augenblick dieſes Genuſſes feſtzuhalten wünſche. Grade in Fauſt's Natur und wir wollen ſagen in dem Weſen, in dem unlösbaren Zweck des Menſchen, liegt es aber tief begründet, daß kein Glück hienieden ihn befriedigen kann, weil ſein ganzes Daſein nur ein unbefriedigtes Sehnen nach etwas Höherm, ihm

Unerreichbarem ist. Aber Mephistopheles irrt ferner darin,
daß er in seiner einseitigen Anschauungsweise die hohe
läuternde Macht der Liebe und des ewig Weiblichen nicht
zu fassen vermag. Weil der Herr auf diese vertrauen
kann, so geht er auch unbesorgt die Wette mit dem in
Mephistopheles verkörperten bösen Prinzip ein. Denn
grade das, was Faust verderben soll, dient ihm ja später
zu seiner Rettung.

So sehen wir denn folgerichtig, daß Faust grade in
Gretchen und in dieser Liebe zu dem rein Menschlichen
sich selbst wiederfindet.

Für das aber, was Faust dadurch empfängt, trägt
er seinen eignen Zwiespalt in die ungetrübte Seele Gretchens mit hinüber; er bringt auch sie in einen Conflict,
in den der Natur mit dem Leben, mit der bürgerlichen
Ehre. Das ist der Punkt, auf welchem sich Gretchens
eigene Tragödie, wie wir später erkennen werden, zu-
sammenzieht.

Faust muß auf Erden zu Grunde gehn, denn „es
irrt der Mensch, so lang' er strebt", aber auch darin
hat Gott der Herr sich nicht in ihm getäuscht, daß „ein
guter Mensch in seinem dunkeln Drange" des rechten Weges sich wohl bewußt sei. Auch ihn wird endlich die
Liebe läutern, und in Bezug darauf sind zum klaren Verständniß die Worte des Herrn in dem „Prolog im Himmel" von hoher Bedeutung:

„Wenn er mir jetzt auch nur verworren dient,
So werd' ich ihn bald in die Klarheit führen.
Weiß doch der Gärtner, wenn das Bäumchen grünt,
Daß Blüth' und Frucht die künft'gen Jahre zieren.“

———

So viel, um Gretchens Theilnahme an der metaphy-
sischen Idee im „Faust“ zu erklären. Indem sie in voller Naivetät, in unbewußtem Kampfe dem Bösen gegenübersteht, findet sie auch zugleich in Faust selbst ihre Ergänzung, wie dieser noch weit mehr in ihr. Im weitern
Sinne hat Gretchen ihr Geschick in den Haupt-Epochen
der Geschichte der Menschheit zu vollenden, von der Unschuld zur Erkenntniß und zum Bewußtsein durch den
Fall aus der Unschuld, und endlich durch Buße und
Reue und durch die Gewalt reinigender Liebe zur Läuterung und Erlösung.

Wie sie aber in diesem Schicksalsgange mehr als sich
selbst, als ihre Individualität repräsentirt, werden wir in
der Erforschung der einzelnen Phasen ihres Geschickes erkennen.

Von Gretchen sehn und erfahren wir eher nichts,
als bis Faust selbst sie sieht und anredet.

Durch diesen Umstand ist man darauf hingewiesen,

den ganzen Zauber, den sie in den beiden Zeilen ihrer
Antwort auf Faust übt, mitzuempfinden. Diese Wirkung
ist durch nichts eingeleitet, sondern ganz und gar auf die
Situation selbst beschränkt. Auf Faust's dreiste Anfrage,
ob er dem schönen Fräulein Arm und Geleit antragen
könne, antwortet sie:

> Bin weder Fräulein, weder schön,
> Kann ungeleitet nach Hause gehn.

So einfach und bestimmt widerlegt sie in den wenigen
Worten Faust's Anrede Punkt für Punkt. Man könnte
die Antwort witzig nennen, wenn sie nicht eben der reinsten Natürlichkeit entspränge und deshalb so schlagend
wirkt. Dem Faust erscheint sie in diesem Augenblicke
„sitt- und tugendreich, und etwas schnippisch doch zugleich". Das Schnippische kann sich jedoch wohl nur
auf das eine Wort ungeleitet beziehn, in welchem sie
etwas Mutterwitz verräth. Was sie zuerst empfindet, ist
jungfräuliche Scheu; sie sagt selbst später zu Faust:

> Ich war bestürzt, mir war das nie geschehn,
> Es konnte Niemand Uebles von mir sagen.
> Ach, dacht' ich, hat er in deinem Betragen
> Was freches, unanständiges gesehn?

Wie sie also zuerst in den ausweichenden Worten „bin
weder Fräulein, weder schön" — ihre Bestürzung zu min-
dern sucht, fällt ihr doch zugleich auch das Beleidigende in Faust's dreister Anrede bei, welches sie ihn in

dem allerdings etwas schnippischen Nachsatz — „kann un=
geleitet nach Hause gehn" — fühlen läßt.

Nach ihrem ersten Erscheinen fühlt nun Faust nur
den sinnlichen Trieb mit Heftigkeit erwachen und er
verlangt nichts weiter, als daß sein Helfer ihm „die Dirne
schaffen" solle.

Mephistopheles lehnt dies zuerst ab; er sagt:

> Es ist ein gar unschuldig Ding,
> Das eben für nichts zur Beichte ging.

Sie habe, meint er, noch nicht gesündigt, und folglich
habe er keine Gewalt über sie. Aber er weiß, daß Faust
selber bald diese Gewalt über sie haben werde, und alle
seine scheinbaren Einsprüche sind, wie er richtig calculirt,
nur geeignet, die erwachte Lust in Faust immer mehr und
mehr anzufachen.

Für's erste will Mephistopheles ihn nur in ihr Zim=
mer führen, damit er in ihrem Dunstkreis satt sich wei=
den könne.

Wir erkennen auch sogleich die große Wirkung dieser
Atmosphäre auf sein Gemüth. Wir fühlen mit, wie hier
in dem Zimmer des engelgleichen Wesens die Hütte zum
Himmelreiche wird.

Der Zauber solches lieblichen Geschöpfes äußert sich
in seiner reinigenden Wirkung nicht nur auf die sie um=
gebenden Personen, sondern verleiht selbst den leblosen
Gegenständen einen geheimnißvollen, hohen Reiz. Wir
empfinden das in dem Entzücken, mit welchem Faust das

Zimmer betrachtet, und jeden Gegenstand in demselben in Beziehung zu Gretchen bringt.

Gretchen nun denkt, während sie ihre Zöpfe bindet, über die seltsame Begegnung mit Faust nach. Sie gäb' was drum, wenn sie nur wüßt, wer heut der Herr gewesen ist.

Er sah gewiß recht wacker aus
Und ist aus einem edlen Haus;
Das konnt' ich ihm an der Stirne lesen —
Er wär' auch sonst nicht so keck gewesen.

So unbefangen und rein äußerlicher Natur hier ihre Betrachtungen auch noch sind, so gedenkt sie doch in dem letzten Vers der Kluft, welche zwischen ihr und einem so edlen Herrn liegt.

Sie findet es fast natürlich, daß solch ein Herr sich gegen ein armes Ding, wie sie, schon etwas herausnehmen könne. Hier findet sie sein Benehmen schon wenigstens erklärlich, und beginnt schon, wie sie später zu Faust äußert, recht bös auf sich zu sein, daß sie auf ihn nicht böser werden konnte.

In ihrer Abwesenheit hat Faust in ihrem Zimmer schon die Wirkung einer reinen Natur auf sein Gemüth so tief empfunden, daß er die Absicht, die ihn hergeführt, fast vergißt, vergessen will.

Er fragt sich selbst erstaunt:
Was willst du hier? Was wird das Herz dir schwer?
Armsel'ger Faust! ich kenne dich nicht mehr.

Umgiebt mich hier ein Zauberduft?
Mich drang's so grade zu genießen,
Und fühle mich im Liebestraum zerfließen!
Sind wir ein Spiel von jedem Druck der Luft?

Die sinnliche Lust, mit der er eben hergekommen, weicht bald in dieser Umgebung seiner Rührung und Beschämung darüber, daß er dies reine Engelsbild zu zerstören gekommen ist. Mephistopheles aber höhnt ihn und treibt ihn weiter. Gretchen kehrt in ihr Zimmer zurück, und in entgegengesetzter Weise, wie Faust, empfindet sie sogleich in einer dumpfigen Schwüle eine unheimliche Stimmung, durch die Nähe des Bösen veranlaßt. Sie empfindet es, ohne der Ursache sich bewußt zu sein, und hier ist schon in ihr das Zittern der ahnungsvollen Engelnatur wahrzunehmen.

Sie öffnet das Fenster, und findet es doch draußen eben nicht warm. Ihr wird — sie weiß nicht wie — ein Schauer läuft ihr übern ganzen Leib, und um diese ihr unerklärliche Furcht und Beängstigung zu bekämpfen, begleitet sie das Ordnen ihrer kleinen Toilette mit Gesang. Es ist gewiß ein gutes Mittel, üble Stimmungen zu verscheuchen und der Inhalt des Liedes in seiner rührenden Einfachheit ist grade so heilsamem Zwecke ganz angemessen.

Indem sie erst ängstlich ihre Zuflucht zum Gesange nimmt, gibt dieser Zustand auch der Recitation des Liedes

vom „König in Thule" die eigenthümliche mysteriöse Fär-
bung, bis sie endlich durch das immer lebhafter werdende
Interesse an der treuen Liebe des alten Königs ihre ängstliche Beklemmung los wird. Nun findet sie das Schmuck=
kästchen, welches Mephistopheles vorher in den Schrein gelegt hat. Mit menschlichen Mitteln verfährt hier doch
Mephistopheles recht teuflich. Er weiß sehr wohl, daß er
mit einem gradezu hereinplumpenden Bestechungsversuch
das naive Gemüth des unschuldigen Kindes nur er-
schrecken würde, seine Absicht also ist, für's erste des Mädchens Auge durch äußern Glanz zu blenden, mit hölli-
schem Athem in ihr stilles Gemüth zu blasen und die
noch still verborgen in ihr schlummernde Eitelkeit zu
wecken.

Diesen Zweck erreicht er auch für's erste ganz seinem
Plane gemäß. Gretchens Erstaunen darüber, wie das
schöne Kästchen in den Schrein gekommen, den sie vorher
doch ganz gewiß verschloß, weicht bald ihrer Neugier,
und — nachdem sie das Kästchen geöffnet — der völligen
Verblendung ihrer Sinne, da sie solche Pracht darin findet. So was, meint sie, habe sie ihr' Tage nicht gesehn,
und das sei des höchsten Schmuckes einer Edelfrau
würdig!

Gretchen putzt sich mit dem Geschmeide vor dem Spiegel, und spricht den Wunsch aus, daß diese Herrlichkei-
ten ihr gehörten, und sie beklagt es, daß ohne solchen

Glanz sie doch so wenig gelte, trotz Schönheit und jungem Blut; das reicht noch nicht hin, um zu gefallen. Aber solch ein Schmuck!

> Nach Golde drängt,
> Am Golde hängt
> Doch Alles. Ach, wir Armen!

So unscheinbar bei ihrem zarten Gemüth diese leichte Betrübniß ist, so ist damit doch schon ein Samenkorn zum Bösen gelegt.

Der Mutter Frömmigkeit verwehrt ihr das Behalten solch „ungerechten Gutes", das der Kirche allein gehöre. Aber für Gretchens Ruhe ist damit nichts gethan; im Gegentheil, sagt Mephisto, sie denke an's Geschmeide Tag und Nacht, noch mehr an den, der's ihr gebracht. Dies letztere ist nun ohne Zweifel eine auf Faust berechnete Uebertreibung, weil er diesen damit stacheln will, in seinen Versuchen fortzufahren. Am besten reizt er ihn dazu eben dadurch, daß er ihm eine schon vorhandene Sehnsucht Gretchens vorspiegelt. Nun erhält das süße Kind auch ihrerseits ihren Mephistopheles in der Person der Nachbarin Frau Marthe.

Zu ihr trägt Gretchen voll freudiger Ueberraschung das von Mephistopheles herbei gebrachte zweite Kästchen mit Schmucksachen. Die liebe Nachbarin gibt ihr natürlich den Rath, der Mutter nichts davon zu sagen, und ist gar so gefällig, ihr zu erlauben, den Schmuck heimlich bei ihr anzulegen und damit vor dem Spiegel zu

stolzieren. Das ist doch für das arme Kind zu verfüh=
rerisch, als daß sie's ablehnen könnte, und Mephistopheles
kommt recht gelegen dazu, um ihr beizubringen, daß er
sie für ein vornehmes Fräulein hält.

Schnell und ängstlich sucht aber Gretchen solche An=
maßung von sich fern zu halten, und will Niemand in
solchem falschen Glauben lassen; schon das würde ihr wie
ein Betrug erscheinen, und so stammelt sie schüchtern und
verwirrt ihre Abwehr so gütiger Voraussetzung:

> Ich bin ein armes junges Blut,
> Ach Gott! der Herr ist gar zu gut.
> Schmuck und Geschmeide sind nicht mein.

Welche rührende Einfalt läßt wieder dieser kleine Zug
erkennen! Sie spricht diese Worte zunächst wie eine
ängstliche Entschuldigung, daß sie den ihr nicht zukom=
menden Schmuck angelegt hat, und doch mischt sie zugleich
durch den mittleren Satz einen gewissermaßen verlegenen
Dank hinein für Mephistopheles irrige Meinung, die ihr
nur schmeicheln kann, wenn sie auch darüber erröthet.

Schnell ist sie auch bereit, als Mephisto der Frau
Marthe die Nachricht vom Tode ihres Mannes bringt,
derselben mit aufrichtiger Tröstung beizustehn. Ach! ruft
sie ihr bittend zu, liebe Frau, verzweifelt nicht.

Dieser Ausdruck der innigsten Theilnahme Gretchens,
gegenüber dem Verhalten der Frau Marthe, die sich zu=
nächst nur nach einem Todtenscheine sehnt, damit sie ihren
todten Mann auch hübsch im Wochenblättchen lesen könne,

läßt wieder Gretchen im herrlichsten Lichte erscheinen, und in dem Geständniß:

Ich würde drum mein' Tag nicht lieben,
Würde mich Verlust zu Tod betrüben —

kündigt sie schon selber in noch unbewußter Vorahnung ihr eigenes Geschick an. Sie selbst kennt noch nicht die Schwere erlebten Unglücks. Wie von einem sichern Eiland fühlt sie und bedauert sie nur, „daß die Menschen so unglücklich sind!" und verspricht in kindlichem Glauben, noch manch Requiem für ihn zu beten. Jedes Wort zur Gelegenheit ergreifend, spricht Mephistopheles ihr beiläufig seine Meinung aus, daß sie werth sei, gleich in die Eh' zu treten. Sie meint: ach nein, das geht jetzt noch nicht an. Sie sagt das, weil sie eben darauf nichts anders zu sagen weiß, und immer scheuer wird sie durch des Frechen Rath, statt eines Mannes derweil einen Galan zu nehmen. Sie weiß nur, daß dies „des Landes nicht der Brauch" ist.

Nachdem sich Mephistopheles genugsam überzeugen konnte, daß die brave Frau Marthe in Bezug auf diesen Punkt nicht so viel Schwierigkeiten machen würde, berührt er Gretchens Schamgefühl noch einmal in der unverschämt galanten Frage:

Wie steht es denn mit Ihrem Herzen?

Gretchens Antwort: Was meint der Herr damit? läßt selbst ihn vor sich hin das Geständniß machen:

Du gut's unschuldig's Kind.

Die entschiedene Wendung ihres Geschickes ist nun in der Scene im Garten, in den feinsten Zügen und doch mit schnellem Fortschritte dargestellt.

Es ist meisterhaft erdacht, wie die schnelle Verbindung des niedrig sinnlichen Elementes, jetzt symmetrisch personifizirt in Mephistopheles und Marthe, auch das Mittel wird, die edleren Naturen Faust und Gretchen in Verbindung zu bringen. Jedes der kleinen reizenden Zwiegespräche findet sogleich seine Caricatur und Verhöhnung in dem Paare: Mephistopheles und Marthe. Und in dem äußerlichen steten Wechsel der beiden Paare liegt zugleich eine tiefe innere Verbindung; dem zarten Ausdruck und der feinen Empfindung edler geistiger Naturen folgt immer wieder auf dem Fuße der höhnende Nachhall des niedrig Sinnlichen.

Gleich zu Anfang dieser Bilderreihe hören wir Gretchen schon ein wenig geläufiger Worte finden, für's erste freilich nur, um Faust das Bewußtsein ihrer Niedrigkeit auszusprechen. Sie bedauert, daß ihr arm' Gespräch ihn nicht unterhalten könne, und da er ihre Hand küßt, wünscht sie erschreckend, daß sie weniger rauh sei, fügt aber auch gleich erläuternd hinzu, was sie damit bei der Strenge der Mutter nicht schon Alles habe schaffen müssen. Beim zweiten Vorübergehen trägt sie das Köpfchen schon etwas freier, sucht ihm nun aber um so mehr begreiflich zu machen, daß sie seine Reden nur für Höflichkeit nimmt, und daß sie ihre Unverständigkeit wohl fühlt.

Fauſt fühlt dies auch, aber mit innigem Wohlbehagen, denn er weiß es, daß, was man ſo verſtändig nenne,
oft mehr Eitelkeit und Kurzſinn ſei. Das kann Gretchen
nicht recht faſſen, und in ihrem einfachen „Wie?" ſpricht
es ſich ſo entzückend aus, daß, wie Fauſt bemerkt, die
Unſchuld nie ſich ſelbſt und ihren heiligen Werth erkennt.
Eben wo die Erkenntniß beginnt, da endet dieſe Unſchuld
und Naivetät. Und wie tief muß grade Fauſt den
Werth dieſer ſich unbewußten Unſchuld empfinden!

Schon wagt aber jetzt ihr kindliches Gemüth, ſich über
Fauſt's Theilnahme, möge dieſe auch nur eine vorüber-
gehende ſein, zu erfreun.

Auf Fauſt's Frage, ob ſie wohl viel allein ſei, iſt
ſie ungemein froh, etwas beantworten zu können, was
ſie auf ein Thema bringt, das ſie verſteht. Dieſe Freude
ſpricht ſich in der plötzlichen Beredtſamkeit aus, mit welcher ſie aber ihre häuslichen und Wirthſchafts-Verhält-
niſſe berichtet.

Mit beſonderer Vorliebe verweilt ſie bei der Erzäh-
lung von ihrem Schweſterchen, das bereits todt iſt. Das
Kind war nach ihres Vaters Tod geboren, und bei dem
Elend der Mutter übernahm es Gretchen, das „arme
Würmchen" zu erhalten. Die innige Liebe, die aus ihren
Worten für das Kind ſpricht, läßt uns zugleich in die
Tiefe des in der weiblichen Natur begründetſten Gefühls
blicken und grade bei der ſpäter über ſie hereinbrechenden

schauerlichen Katastrophe, in Betreff ihres eigenen Kindes, ist diese Andeutung von besonderem Gewicht und steht mit jener schrecklichen Schlußentwickelung in innigerm Zusammenhange, als wir hier bei ihrem so reinen Ausdruck ihrer kindlichsten Freude und der mütterlichen Sorgfalt für das Kind ahnen können. Faust selbst erkennt aus ihrer Schilderung das reine Glück, das sie dabei empfunden habe.

Indem sie ihm aber hierauf auch einen Begriff von den Beschwerlichkeiten, die sie mit dem kleinen Schwesterchen hatte, beizubringen sucht, gibt sich unzweideutig der Wunsch zu erkennen, daß Faust ihre Verdienste auch recht anerkennen und schätzen möge.

Die Caricatur dieses Gesprächs folgt in dem andern Paare. So wenig wie die Unschuld die Motive von Faust's inniger Theilnahme zu verstehn vermochte, so sehr bemüht sich nun Mephistopheles, Marthens durchaus nicht unverständliche Reden nicht zu verstehn.

Faust erinnert jetzt Gretchen an die erste Begegnung vor dem Dome, und die Art, wie sie sich diesen Augenblick in's Gedächtniß zurückruft, zeigt schon, daß Beide bereits auf einem andern Boden stehn. Da sie von ihrem Gefühl ihm nichts verbirgt, kann Faust sie schon „Süß-Liebchen!" nennen, und wie ein entzündender Sonnenstrahl dringt ihr dies Wort in's Herz. Sie aber kann sich nicht anders Ausdruck verschaffen, als bildlich, durch ein kindlich Spiel, indem sie zur Sternblume greift und die Blättchen davon zupft, bis sie bei dem letzten Blatte mit holder Freude ruft „Er liebt mich!"

Ja, er liebt dich! ruft Faust hingerissen, verstehst du, was das heißt?! Verstehn kann sie's nicht, aber sie fühlt es plötzlich mit ungeheurer Gewalt. Auch sie fühlt wie Faust, was unaussprechlich ist! Was kann sie aber thun, wo er noch Worte, glühende Worte findet? Nichts als entfliehn. Aber sie verbirgt sich, damit er sie wieder- finde. Er findet sie und küßt sie, und dieser Kuß löst das noch ängstlich gebannte Gefühl zur Freiheit des lei- denschaftlichsten Ausdrucks. Die Flamme der bewußten Liebe schlägt plötzlich hell und lodernd aus ihrem Her- zen, mit der ganzen Gluth der Leidenschaft umschlingt sie den geliebten Mann mit den wenig Worten: „Bester Mann! von Herzen lieb ich dich!" So einfach diese rührende Form ihres Geständnisses ist, so ist das eben Alles, was sie ihm in solchem Ueberwallen des Gefühls sagen kann. Von der tiefsten und furchtbarsten Bedeu- tung ist in diesem Augenblicke das den entscheidenden Wor- ten unmittelbar folgende Erscheinen des Mephisto- pheles!

Faust fühlt diese ihn erschreckende Bedeutung und ruft ihm entgegen „Ein Thier!" Dieser Ausruf Faust's bezeichnet nicht nur den Haß gegen seinen Dämon, son- dern auch zugleich einen gegen sich selbst gerichteten schmerz- lichen Vorwurf, den bittern Vorwurf gegen seine eigne

durch Mephistopheles ihm zum Bewußtsein gebrachte
Thierheit.

Man denke hierbei an das zurück, womit diese Rei-
henfolge der Gartenscenen eingeleitet wurde, wie wir in
den parodirenden Gesprächen zwischen Mephistopheles und
Marthe nicht blos eine äußerliche Parodie erkannten, sondern die Veranschaulichung der tiefen Wahrheit, daß die
Thierheit, das niedrig Sinnliche, sich auch an die edlere
Regung geistig reiner Naturen heftet. Mephistopheles,
der Repräsentant dieses thierisch Sinnlichen, bleibt hierbei, wie wir sehen, nicht allein consequent in seiner Natur, sondern auch ganz in seiner Aufgabe, die er in Bezug auf Faust übernommen hat. Auch an die erste Ein-
führung des Mephistopheles bei Faust kann an dieser
Stelle erinnert werden, und an die Unbehaglichkeit, in
welche Faust — grade da er vom reinsten, erhabensten
Gefühl durchdrungen ist — durch die ihn störenden Laute
des Hundes versetzt wird, dem er Ruhe anbefiehlt; denn

<blockquote>
zu den heiligen Tönen
Die jetzt meine ganze Seele umfassen,
Will der thierische Laut nicht passen.
</blockquote>

Er könnte jetzt dasselbe gegen Mephistopheles wiederholen.

Die erste Phase in dem Schicksal Gretchens, von der
Unschuld und Unbefangenheit zur Liebe sehn wir nunmehr vollendet; schon in der nächsten Scene erkennen wir,
wie diese Liebe sie mit äußerster Gewalt durchdringt, wie
sehr ihr eigentlicher Lebensnerv von dieser Liebe bereits

erschüttert ist. Mit hinreißender, gewaltig rührender Wahrheit und in höchster Einfachheit des Ausdrucks ist ihr Zustand geschildert in ihren für sich selbst ausgesprochenen Geständnissen:

„Meine Ruh' ist hin,
Mein Herz ist schwer,
Ich finde sie nimmer
Und nimmermehr.
u. s. w.

Das wehmüthige Zittern eines von der süßesten Liebespein ergriffenen zarten Herzens kann schwerlich einen vollendetern Ausdruck erhalten, als in dieser Reihe von Versen — wenn dies noch Verse zu nennen sind. Es sind die wonnig-schmerzlichen, süßklagenden Töne einer Aeolsharfe, es ist eine Kette klingender Seufzer.

Welche Einfachheit, Natürlichkeit in der Form, welch melodischer Zauber, mit dem sie sich in der Erinnerung alles Guten und Schönen an dem Geliebten ihn vergegenwärtigt und in dem Gefühl dieser Liebe vergehn möchte! In dieser so ausdrucksvoll geschilderten Liebespein fühlen wir aber auch schon das drohende Unheil nahen, das in der nächsten Scene zur Entscheidung kommt. Unterdessen steht Faust im Begriffe, Gretchen aufzugeben; er schaudert zurück vor dem Frevel, dies reine Engelsbild zu zerstören, seinem sinnlichen Trieb zu opfern.

Mephistopheles, dem dies Indicium so reiner Neigung nicht behagen kann, höhnt ihn mit dem Ausdruck aller-

niedrigster Gemeinheit. Er will ihn wieder zu seiner
Thierheit herabziehn und um ihn wieder in die liebe-
warmen Arme Gretchens zurückzuführen, schildert er ihm
ihr Verschmachten, ihre Sehnsucht nach dem Geliebten,
der sie dafür belohnen sollte, statt in verächtlicher That-
losigkeit auf das Glück zu resigniren.

Die fortgesetzten Reizungen thun ihre Wirkung. Faust
ist wiederum entschlossen, das zu erfüllen, wovor er zit-
tert, möge auch ihr Geschick dann auf ihn sich stürzen,
daß er mit ihr zu Grunde gehe.

Mit dem Wachsen der Liebe Gretchens tritt nun aber
auch, ganz der weiblichen Natur gemäß, ihre Besorgniß
um Faust's Seelenheil hervor. Und wie reizend, wie
naiv beginnt sie hier schon den Geliebten wegen seines
Glaubens und seines Christenthums zu katechisiren. Zunächst fragt sie ihn ganz unumwunden, wie ers mit der
Religion halte, und theilt ihm ihre Besorgniß darüber
mit. Faust sucht ihr auf die so einfache Frage ebenso
einfach begreiflich zu machen, daß seine guten Gefühle
keiner von Außen her gebotenen Formen bedürfe, daß er
aber im Uebrigen Niemand sein Gefühl und seine Kirche
rauben wolle. Diese Passivität genügt der gläubigen Unschuld nicht, sie meint, man müsse auch dran glauben.
Da dies „Muß“ des Glaubens Faust ein Lächeln abnö-
thigt, wird sie eifriger und kramt mit reizendster Unbefangenheit alle Einzelheiten ihres erlernten Glaubens aus,
und um Alles schließlich kurz zu fassen, fragt sie ihn:

Glaubst du an Gott? Seine ausweichende und doch so
treffende Antwort versteht sie nicht und richtet daher nochmals die Frage an ihn, und zwar negativ: So glaubst
du nicht?

Nun trägt ihr Faust sein herrliches Glaubensbekennt-
niß, seine glänzende Definition von dem Begriff der Gottheit vor. Und wenn sie auch selbst zugeben muß, daß
das Alles „recht schön und gut“ sei, so vermißt sie doch
natürlich darin die bestimmte Vorschrift, die sie so inne
hatte, und die selbst dem reinsten kindlichsten Gemüth den
Glauben so erleichtert.

Konnte sie ihn aber nun hierbei nicht erwischen, so
richtet sie jetzt ihren ganzen Angriff gegen den Mephistopheles. Sie bekennt den tiefen Schauder, den dieser
Mensch ihr stets erregt. Sie meint,

es stünde ihm an der Stirn geschrieben,
daß er nicht mag eine Seele lieben.

Hier sehn wir am klarsten die beiden sich widerstrebenden
Elemente sich berühren, in diesem geheimen Grauen kommt
uns Gretchen am deutlichsten als das zum Bewußtsein,
was Faust so schön mit den Worten bezeichnet:

Du ahnungsvoller Engel du!

Gleich darauf erfahren wir, daß Faust im Begriffe steht,
sich dieser Engelnatur näher zu verbinden. Gretchen nimmt
von Faust den Schlaftrunk für ihre Mutter. Den Schritt
zur Schuld thut sie ohne großes Bedenken, weil sie eben

noch im vollen Besitze der geistigen Unschuld ist. Wie kann sie, eben bei der Reinheit ihres Herzens, darin eine Schuld erkennen, daß sie dem geliebten Manne sich ganz mit voller unbegrenzter Liebe hingibt? Sie sagt selbst mit völliger Naivetät: sie habe schon so viel für ihn gethan, daß ihr zu thun fast nichts mehr übrig bleibt. Hierin kommt nun aber ihre Ursprünglichkeit in den scharfen und sie verderbenden Widerspruch mit dem Leben, mit der bürgerlichen Ehre. Und in dieser Schuld sehn wir in ihr nicht ihre Tragödie allein, sondern die Tragödie des Weibes.

Gretchen tritt nunmehr in die Phase des Schuldbewußtseins und der Reue.

Das Bewußtsein ihrer Schuld sehn wir zum erstenmal zum Ausdruck kommen in dem episodischen Zwiegespräch mit Lischen am Brunnen, worin das wortkarge Gretchen zu dem lärmend moralisirenden Lischen einen rührenden Contrast bildet. Lischen erzählt hier mit großer Redseligkeit von einer Dritten, die — eine prahlerisch eitle Dirne — nun von ihrem Geliebten, der sie verführte, verlassen sei und jetzt dafür der Schande verfalle. Einstimmen in die bittern Worte gegen die Gefallene kann Gretchen nicht; sie zu vertheidigen hat sie aber auch nicht den Muth. Sie wagt nur schüchtern zu äußern, daß der Verführer doch wohl wiederkommen könne, und auf Lischens entschiedenen Zweifel spricht sie

nur ihre Meinung über solche Schlechtigkeit aus, die Arme
so der Schande preiszugeben.

In dem daran sich schließenden kleinen Selbstgespräche
Gretchens ist zu erkennen, wie sie erst jetzt, erst durch das
rohe Urtheil der Welt, eine klare Anschauung über sich
selbst gewonnen hat, wie sie zur Erkenntniß nur durch
die Sünde gelangte, und erst außerhalb der Paradieses-
pforten sieht, daß sie überhaupt ein Paradies zu verlieren hatte *). Und doch wieder kann sie's nicht begreifen,
warum so große Sünde darin liege, denn — sagt sie —

> Alles, was mich dazu trieb,
> Gott! war so gut! ach, war so lieb!

Wie bisher die Liebe, so erfaßt nun der Schmerz Gretchens ganzes Wesen. Sie wendet sich in namenloser
Pein an die mater dolorosa in dem Gebet: Ach neige,
du Schmerzensreiche, dein Antlitz gnädig meiner Noth!

Die Worte, die sie hier für die Schilderung ihres
großen Jammers finden kann, bleiben, wie es in dem
Ausdrucke ihrer höchsten Liebe der Fall war, ganz ihrer
Geistesbildung angemessen, in höchster Einfachheit, aber
von um so tieferer Empfindung eingegeben.

---

*) Die ganze kleine Scene bildet einen so nothwendigen,
wenn auch feinen Uebergang zu dem darauf folgenden Ausbruch
der bittern Reue, daß sie keineswegs bei der Darstellung auf
der Bühne wegbleiben dürfte, wie es stets geschieht.

Kann ihr jammervoller Zustand wahrer und erschütternder geschildert werden, als es hier durch sie selbst in
dem unendlich rührenden Ausdruck ihres sie so ganz be-
herrschenden Schmerzes geschieht:

> Wohin ich immer gehe,
> Wie weh', wie weh', wie wehe
> Wird mir im Busen hier!
> Ich bin, ach! kaum alleine,
> Ich wein', ich wein', ich weine,
> Das Herz zerbricht in mir.
>
> Die Scherben vor meinem Fenster
> Bethaut' ich mit Thränen, ach!
> Als ich am frühen Morgen
> Dir diese Blumen brach.

Noch aber vermögen die von ihrem Schmerz bethauten Blumen, die sie der Mutter Gottes darbringt, nicht zu versöhnen. Ihr tragisches Geschick streckt weiter und weiter
die Riesenarme nach ihr aus, um sie durch Vollendung
des betretenen Weges, durch die furchtbarsten Qualen
stets erneuter Reue zur Reinigung zu führen.

Dem Tode ihrer Mutter, durch den ihr beigebrachten
Schlaftrunk herbeigeführt, folgt nunmehr der ihres Bruders. Auch den soll ihr Gewissen tragen!

Durch diesen Valentin, den Bruder Gretchens, erfahren wir zuerst, daß Gretchens Schande bereits in den
Mäulern der Nachbarn ist. Valentin ist ein derber und
etwas renommistischer Soldat, der bei fröhlichen Gelagen

mit andern Soldaten auch gewohnt war, die Schönheit
und Ehrbarkeit seiner Schwester allen andern Mädchen
gegenüber herauszustreichen. Jetzt ist er durch seiner so
viel gepriesenen Schwester Schicksal drum an der empfind-
lichsten Stelle getroffen. Jetzt, ruft er voll Ingrimm aus,
soll „mit Stichelreden und Naserümpfen jeder Schurke
mich beschimpfen!" Und wie ein böser Schuldner soll
er sitzen, bei jedem Zufallswörtchen schwitzen!

Grade gelegen ist es ihm, als er Nachts vor dem
Hause Gretchens steht, daß der Verführer mit seinem Ge-
nossen naht, und gleich ist er bereit, mit dem Degen ihm
sein Handeln zu vergelten.

Valentin fällt im Gefecht mit Faust, und da, von
dem Straßenlärm herbeigelockt, mit den Nachbarn auch
Gretchen erscheint, und voll Entsetzen ihren zu Tode ge-
troffenen Bruder erblickt, gibt er durch die rohe und ge-
müthlose Verdammung der Unglücklichen der öffentlichen
Meinung den unverhüllten stärksten Ausdruck. Mit Flü-
chen gegen seine Schwester auf den Lippen geht er, wie
er meint, „zu Gott ein als Soldat und brav!"

Diese so kräftig realistisch ausgeführte Gestalt des Valentin hat gleichfalls ihre tiefe Symbolik. Valentin
ist für Gretchens unseliges Geschick der eigentliche Repräsentant der prahlerischen bürgerlichen Ehre.
Statt seiner vom Bewußtsein ihrer Schuld schon ganz
zermalmten Schwester sich voll Liebe anzunehmen, verdammt er sie herzlos, nicht weil sie sich selbst unglücklich

machte, sondern weil seine eigne prahlerische Eitelkeit verletzt ist.

Mit wenig scharfen Strichen nur gezeichnet, spielt
dieser Valentin dennoch in der engern bürgerlichen Handlung des Dramas eine bedeutende Rolle. Er fällt, weil
er in richtiger Consequenz der völligen Verkehrtheit seines Handelns, mit dem Teufel nicht fechten konnte, indem er den Engel in Gretchen verdammte. *)

Von den höchsten Folterqualen des strafenden Gewissens wird nun Gretchen bei Orgel und Chorgesang im
Dome gepeinigt. **) Der erste Gedanke, der sich ihr hier

---

*) Es ist unbegreiflich, wie diese Gestalt Valentins, durch
welche grade das Geschick Gretchens ein so prachtvolles Relief
erhält, gänzlich mißverstanden werden kann. Der fleißigste Commentator des Goetheschen Faust, Heinrich Düntzer, geht in seinem in Betreff des ungemein reichen Materials sonst äußerst
schätzenswerthem Werke soweit, zu behaupten, daß diese Scene
mit Valentin die schöne Einheit der Handlung unangenehm
störe, indem damit etwas ganz ungehöriges hineingebracht
würde!! Er findet in der Scene nichts weiter, als die Schilderung der Schande, welche Gretchen durch ihre Schuld über die
ganze Familie gebracht habe.

**) Daß der „böse Geist" nur die Darstellung ihres eignen
bösen Gewissens ist, liegt auf der Hand. Ob die Worte des
Geistes von einer männlichen oder weiblichen Stimme kommen, ist demungeachtet völlig unwesentlich. Nur ein Sichtbar-
werden des bösen Geistes wäre eine Ungehörigkeit.

aufdrängt, ist: mit wie andern Gefühlen sie in den Tagen ihrer zartesten Unschuld sich diesem heiligen Orte
nahte, wie sie Gebete lallte, „halb Kinderspiele, halb Gott
im Herzen!"

Sie kann jetzt nicht mehr beten, nur die Schreckbilder
ihrer Schuld, der Tod ihrer Mutter und des Bruders,
und die sie marternde Enthüllung ihrer Schande, nur
diese Gedanken, deren sie nicht los werden kann, gehn ihr
hin und her in ihrem Kopf und klagen sie an. Ihr ist's,
als ob der Ton der Orgel, der sie sonst erhob, den Athem
ihr versetzte; das Gewölbe, die Mauernpfeiler — es drängt
und droht — daß sie nach Luft und Licht ringt.

Wie schon ihre eigenen Gedanken wider sie sind, so
sind es noch mehr die furchtbar dreintönenden Worte des
Chorgesanges:

> Dies irae, dies illa
> Solvet seclum in favilla!

Dieser jüngste Tag, der Tag der Rache bricht über sie
herein, sie empfindet seine Qual schon hier auf Erden
und ihre zarte Seele vermag die ihr aufgebürdete Ver-
antwortung nicht zu ertragen.

Sie wird schon hier, noch eh' sie Asche ward, zu
Flammenqualen aufgeschaffen, ihr Schmerz ist größer, als
ihre Schuld, denn sie erträgt ihn nicht, und mit dem
Rufe gegen ihre Nachbarin verlassen sie ihre Sinne.

Mich faßt ein längst entwohnter Schauer,
Der Menschheit ganzer Jammer faßt mich an.
Hier wohnt sie hinter dieser feuchten Mauer
Und ihr Verbrechen war ein guter Wahn!

Wir finden Gretchen im Kerker wieder, wo sie ihrem schrecklichen Ende als Kindesmörderin entgegen sieht.

Wie es bisher der zauberische süße Duft höchsten Liebreizes war, so faßt uns jetzt „der Menschheit ganzer Jammer" bei ihrer Nähe an. Diese Bezeichnung aus Faust's Munde ist, wie wir gesehen haben, in ihrem eigentlichen wörtlichen Sinne zu nehmen.

Denn es ist hier nicht das Elend eines einzelnen Individuums, es ist der Menschheit Jammer.

Ist es Wahnsinn, was jetzt aus dem gepeinigten Gemüthe dieses lieblichen Wesens unheimlich leuchtet? Nein, es ist noch nicht der völlige Wahnsinn, denn weder in ihren Worten noch Handlungen ist etwas Unvernünftiges wahrzunehmen; selbst die höchsten Extravaganzen ihrer Fantasie gründen sich auf Wirkliches, Vorhandenes. Ihr Geist befindet sich in einer, an die Grenze des Wahnsinns reichenden Ueberreiztheit, er ist bis zur höchstmöglichen Exaltation eines vom furchtbarsten Schmerze gepeinigten Wesens ausgespannt. Aber alle ihre Aeußerungen beziehen sich nur auf ihr Elend.

Das Bewußtsein ihres Kindesmordes bringt ein schauriges Märchen vor ihre erhitzte Fantasie. Eine böse Mutter hat ihr Kind geschlachtet und dem Vater zu essen ge-

geben. Das kleine Schwesterchen sammelte die Gebeine
und begrub sie unter einem Baum, woselbst die Reste des
getödteten Kindes dann als Vögelchen emporflogen.

Der furchtbare Aufruhr ihrer ganzen Natur gegen
ihr eigenes Verbrechen läßt die Erinnerung an das Kin-
dermärchen ihren Geist peinigen, und bildet auch den Inhalt ihres Gesanges. Faust kommt, sie zu befreien und
schließt den Kerker auf, Gretchen erkennt in Faust im
ersten Todesschreck nicht den Geliebten, aber sie erkennt
in ihm den Urheber ihrer Noth und ihre Worte:

> Wer hat dir Henker diese Macht
> Ueber mich gegeben!

sind so in zweifacher Bedeutung zu verstehn.

Wenn wir diesen Gedanken festhalten, so finden wir
auch die gleiche Doppeldeutung in ihrem daran sich schließenden Anflehen des vermeintlichen Henkers. Indem sie
diesen bittet, sie noch leben zu lassen, richtet sie zugleich
an Faust selbst den flehenden Wunsch, daß er sie der
Buße nicht entreißen möge, die sie hier an diesem Orte
zu erwarten hat, und von der sie die Rettung ihrer Seele
hofft. Mit flehend rührenden Worten bittet sie ihn um
ihr Leben.

Die Todesangst verwirrt nun für den Augenblick völlig
ihre Sinne und erinnert sie an die Pflege ihres Kindes.

Mit Grauen wendet sie das Verbrechen des Kindesmordes von sich ab; es erscheint ihr selbst so furchtbar,

daß sie es nicht für möglich hält, und meint, man habe ihr das Kind genommen.

Da nun Faust sich flehend vor ihr niederwirft, fühlt sie den Drang ein Gleiches zu thun; sie wirft sich auf die Knie, aber um die Heiligen anzurufen, daß sie vor den Qualen der Hölle sie schützen. Faust, mit dem Tone des tiefsten Seelenschmerzes, ruft ihren geliebten Namen, und nun horcht sie freudig auf, denn

Das war des Freundes Stimme!

Sie erkennt ihn und jauchzt ihm mit höchstem Entzücken entgegen. Der Jubel ihres liebevollen Herzens ist hier um so leidenschaftlicher, als sie darin, wenn zwar auch in ihr unbewußter Weise, den Abschied von dem Geliebten empfindet, — den Abschied für ewig!

Und indem sie seinen Willen erkennt, sie zu retten, indem ihre Fantasie sie schon die Straße durcheilen und den Garten erreichen läßt, wo ihre Liebe zuerst aus jungfräulichem Herzen keimte, ruft sie schon: Ich bin gerettet! Und dies eben löst den scheinbaren Widerspruch ihrer Freude, daß er sie hinausführen wolle, mit ihrem Widerstreben, ihm zu folgen. Schon durch Faust's bloßen Willen wähnt sie sich gerettet, und sie wird es in der That dadurch, daß sie zurückbleibt, entschlossen sich dem „Gerichte Gottes" zu übergeben. Ehe sie aber vollendet, hat sie noch alle Qualen, die ihre Buße, bedingt durch ihre Reue, ihr auferlegt, zu empfinden, um so der innerlichen Reinigung entgegen zu gehn.

Sie findet Fauſt verändert, ſie hängt an ſeinem Halſe
und er küßt ſie nicht. Sie empfindet den Verluſt ſeiner
Liebe in dem Ausbruch rührendſter Klage. Dann ſinnt
ſie wieder, ob es mehr ſeine oder ihre Schuld war? Ob
er ſie ſo elend machte, daß er ſie jetzt nicht mehr küſſens-
werth findet? Seine Mahnung ſtellt ihr wieder die Gefahr vor, in der ſie ſchwebt und mit Schrecken fährt ſie
empor:

Und weißt du denn mein Freund, wen du befreiſt?
Dies führt ihre Gedanken mit aller Heftigkeit wieder auf
ihr Verbrechen zurück, und ſie glaubt in grauenhaft er-
regter Fantaſie, an Fauſt's geliebter Hand das Blut des
getödteten Bruders zu erblicken. Sie fühlt mit Beſtimmt-
heit, daß ſie heute ihre irdiſche Laufbahn vollenden muß,
und beſchreibt ihm deßhalb die Gräber der Mutter, des
Bruders und ihr eigenes, für die er ſorgen ſoll.

Erſichtlich iſt es, wie durch ihre Entſchloſſenheit der
Selbſtreinigung das Weltliche, Sinnliche immer mehr
von ihr weicht, wie ſie damit ihrer Erlöſung entgegeneilt.
Nun bringen aber, wie die letzten Schläge vor ihrer Vollendung, die grauenhafteſten Momente ihres Erden-Jam-
mers nochmals auf ſie ein, der Tod des Kindes und der
Mutter, die ihr geſpenſtiſch erſcheint, — und endlich mit
der Thräne der Rührung entſendet ſie den letzten glühenden Scheidegruß an die glücklichen Zeiten.

Mit dieſem ſchmerzvollen Lächeln nach der Vergangenheit und mit Fauſt's Mahnung, daß der Tag ſchon graue,

reißt sie sich plötzlich mit gewaltiger Entscheidung von
allem Irdischen los. Die Mahnung des Todes erinnert
sie, daß es nun auch bei ihr Tag werde, und schon im
Vorgefühl ihrer Erlösung ruft sie mit heroischem Bewußtsein:

Tag! Ja es wird Tag!

und übernimmt dann gewissermaßen selbst das Richteramt
über ihr irdisches Dasein durch die Vision ihrer Hinrichtung.

Stumm liegt die Welt wie das Grab. Hiermit spricht
sie ihre Empfindung nach erlittenem Todesstreich aus.

Sie hat vollendet — vollendet den qualvollen Weg
ihrer Reue und Buße, und schon gereinigt steht sie im
Begriffe von allem Irdischen zu weichen. Da erscheint
nochmals der Böse voll ahnender Besorgniß, aber sie
schaudert vor ihm zurück, und mit Entschiedenheit fragt
sie, schon in eine andere Sphäre gehoben:

Was will der an dem heiligen Ort?
Er will mich!

Heilig erscheint ihr der Ort, weil sie hier schon, getrennt
von allem Sinnlichen und Bösen, ihrer Verklärung entgegen schwebt.

Und wie von Mephistopheles, so weicht sie jetzt von
Faust, um dem Gerichte Gottes sich zu übergeben! Mit hinreißender Gewalt ruft sie Gott und die
heiligen Schaaren an, sich um sie zu lagern, und vor

den letzten Versuchungen des Lebens sie zu bewahren, und in den Worten:

Heinrich! Mir graut's vor dir!

spricht sie ihre völlige Lösung von allem Sinnlichen aus. Der Tod nur hat ihr noch das Siegel aufzudrücken.

Sie ist gerichtet, — aber auch gerettet! *)

Indem ihr Irdisches, ihr Leib, im Todesfall zusammenbricht, ist ihr besser Theil schon dem Irdischen entrückt, und von der Verklärten hallt die Stimme noch den Namen

Heinrich! Heinrich!

---

*) Düntzer meint, daß sie mit der innerlichen Trennung von Faust auch äußerlich von ihm scheiden müsse, indem sie nach dem Rufe „Heinrich, mir graut's vor dir", von der sichtbaren Bühne hinwegstürzt, und zwar wieder zurück in ihren Kerker, von wo aus sie dann den Henkertod zu erwarten habe. Bei der durchgehenden hohen Allegorie dieser Dichtung scheint mir jedoch der streng realistisch wohl zu rechtfertigende Ausgang keineswegs nothwendig, und ich halte die oben entwickelte und zu Ende geführte Deutung für die angemessene: daß mit ihrer geistigen Erlösung auch zugleich ihre körperliche eintritt, und daß sie also durch die in der Fantasie erlittenen Qualen der Hinrichtung und durch die daran sich knüpfende gänzliche Auflösung ihrer leiblichen Existenz der zu vollziehenden wirklichen Hinrichtung entzogen wird. Diese Auffassung scheint mir die allein zu rechtfertigende nicht nur zur Beruhigung des menschlichen Gefühls, sondern vor Allem auch dem innern Zwecke nach.

So ist es die Liebe, so ist es das Ewig=Weibliche, das uns hinanzieht!

Dieser letzte Ruf ist es auch, der für den zu Grunde gehenden Faust die Brücke zur bevorstehenden endlichen Läuterung bildet, zur Läuterung durch die unendliche Liebe, wie sie Gretchen selbst durch alle physischen Leiden zur geistigen Erlösung führte.

Das sinnliche Weib sollte Faust verderben, aber das liebende und reine Weib hat endlich auch ihn geläutert, nachdem sie ihr eigenes Verderben zu ihrer Rettung zu gestalten wußte, damit — wie es am Schlusse des zweiten Theiles vom „Faust" geschieht — die Mater gloriosa mit Hinblick auf Faust zu ihr sprechen kann:

> Komm! hebe dich zu höhern Sphären,
> Wenn er dich ahnet, folgt er nach.

Aus der erschütternden Scene im Kerker, mit welcher Gretchen ihr irdisches Dasein beschließt, erkennen wir — und auch hierin zeigt sich die bewundernswürdige Meisterschaft des poetischen Schöpfers — auch in der Kindesmörderin die bezaubernde Reinheit und die durch nichts getrübte hohe Sittlichkeit, welche endlich die höchste Weihe dadurch erhält, daß, selbst in den furchtbarsten Folterqua-

len des zerriſſenen Gemüthes, ſich das reine Gottver-
trauen von allem Irdiſchen, von Luſt und Pein, mit ret-
tender Gewalt loshebt. Daß auch Fauſt durch den ihn
ganz erfüllenden Schmerz, das Leben eines ſo reinen Ge-
ſchöpfes vernichtet zu haben, durch ſie und aus ſich ſelbſt
geläutert wird, gibt uns den Troſt und die Hoffnung für
ſeine weiter zu erſtrebende Erlöſung.

Aber auch das unverhüllt Menſchliche, ohne jede ſym-
boliſche Beimiſchung Beſtehende, in dem tragiſchen Ge-
ſchicke Gretchens liegt eben in ihrer Bedeutung des Weibes. In der Unterredung zwiſchen Fauſt und Mephiſtopheles, da Gretchen bereits als Miſſethäterin verurtheilt
iſt und Fauſt indeß durch ſeinen böſen Dämon in den
abgeſchmackten Zerſtreuungen der Walpurgisnacht gewiegt
wird, verleiht Fauſt ſelbſt dieſer Tragik den entſchieden-
ſten Ausdruck. Als Fauſt in jener Zwiſchenſcene den Mephiſtopheles antreibt, Gretchen zu retten und mit flammen-
der Wuth ihn anklagt, daß er ihm ihre Todesnoth ver-
ſchwiegen, antwortet Jener mit kaltem ſchneidendem Hohn:
„Sie iſt die erſte nicht.“

Und Fauſt ſchleudert die ſchmerzliche Klage-gen Himmel, daß mehr als ein Geſchöpf in die Tiefe dieſes Elends
verſank, daß die Erſte nicht genug that für die Schuld
aller Uebrigen!

Hier haben wir den Grundton für das erſchütterndſte
Gemälde, das uns „der Menſchheit ganzen Jammer“ vor
das Auge führt.

Wie aber dies Weib, Gretchen, durch das Ueberwinden des durch ihre Natur ihr zum Gebot gemachten
schmerzvollen Kampfes geläutert aus dem irdischen Ringen und Dulden hervorgeht, so wird sie auch für ihn,
für den ihr nachstrebenden Mann, die Rettung. Denn
was dieser in seinem stets irrenden Streben seiner Natur
und Bestimmung nach vergeblich suchte, — er findet es
endlich, das ihn zum Himmlischen erhebende Glück, in der
ihn befreienden unwandelbaren Liebe.

––––––––

Schluß.

Blicken wir nunmehr zurück auf den geschlossenen Kreis der poetischen Gestalten, welche dazu auserwählt sein sollten, nicht nur die Kunst des dichterischen Genius zu bewundern, der sie schuf, sondern auch zugleich einen Beitrag zur Psychologie des Weibes zu bilden. Nach dieser letztgenannten Richtung hin steht jetzt die Gruppe geordnet da, und der Leser mag nun überschauen, wie die Formen und die Farben der Einzelnen zu dem ganzen Gemälde sich verhalten. In der Einleitung zu diesem Buche sind die Grenzen der hierin gestellten Aufgabe bereits genau bezeichnet worden, und was der Verfasser dort aussprach, möchte er hier am Schlusse dem Leser nochmals zum Bewußtsein bringen und, alles Einzelne zusammenfassend, noch einen Blick auf die Ergebnisse im Ganzen werfen.

An die Spitze der Gestalten war Emilia Galotti vor Allem wegen ihres sittlichen Gehalts berufen. In diesem klaren Spiegelbilde einer wahrhaft reinen Frauen-

natur ist mit ganz besonderer Bestimmtheit die sittliche
Tendenz als das Prinzip der ganzen Erscheinung hinge=
stellt; aber zugleich sehn wir hier bei dem hohen idealen
Streben nach Vollkommenheit auch zugleich in dem
Ueberwinden die Grenze des Menschlichen bezeichnet, denn
daß Emilia den Kampf des Ueberwindens mit ihrem Tod
beenden muß, darin liegt zugleich ihr Sieg und ihre
menschliche Unvollkommenheit. Wir haben aber auch ge=
sehn, daß — indem sie den Gedanken ihres Vaters für
sich selbst zum starren Gesetze macht und sich den Tod
gibt — ihre Sittlichkeit nicht in jener Anschauung wur=
zelt, welche erst dem nachchristlichen Zeitalter angehört,
und welche Reue und Buße für gethane Schuld
fordert.

Betrachten wir neben Emilia, die in ihrer Hand=
lung mehr dem antiken Heroenthum entspricht als irgend
einem Dogma christlicher Anschauung, betrachten wir
neben dieser immerhin erhabenen Erscheinung die tra=
gischste und vollkommenste Repräsentantin des Weibes,
Gretchen, so finden wir den zwischen Beiden bestehen=
den ethischen Unterschied hauptsächlich darin, daß Emilia
den Kampf mit dem Leben nicht durchführt, indem sie
mit ihrer That sich zugleich der Schuld und der Sühne
entzieht, während Gretchen, wenn auch unbewußt, d. h.
instinctiv, mit dem Genuß des Lebens auch zugleich die
Schuld über sich nimmt, und erst dann zur Erkenntniß
kommend, alle Phasen der Reue und Buße durchkämpft.

Um es kurz auszubrücken möchte ich sagen: Emilia ist sittlicher, aber Gretchen ist menschlicher. An der geeigneten Stelle ist schon weiter ausgeführt worden, daß Emilia's Sittlichkeit durch ihre Furcht vor dem Falle nichts einbüßt, da ja die Möglichkeit eines sittlichen Charakters nur in der Bedingung menschlicher Empfindung wurzeln kann. Auch müssen wir hinsichtlich der That Emilia's berücksichtigen, daß unter den sie umgebenden Verhältnissen ihre Schuld, wenn sie derselben verfallen könnte, sich sehr wesentlich von der Schuld Gretchens unterscheiden würde.

So weit es sich um den Zwiespalt des sittlichen Gebots zum Leben handelt, kann vor Allen die Prinzessin Eboli zu jenen Beiden als die geeignetste Ergänzung betrachtet werden. Wenn Emilia und Gretchen sich durch sehr verschiedene Bedingungen ihres tragischen Unterganges unterscheiden, so steht die Eboli hinsichtlich der Lösung des vorangehenden Zwiespalts zu Jenen in schroffem Gegensatze, indem sie mit voller Erkenntniß ihres unsittlichen Handelns die Tugend nicht nur für den Lebensgenuß Preis gibt, sondern sie als eine unnütze Bürde hinwirft, und wenn sie dann frevelnd Andre für ihr Geschick verantwortlich macht, so wird sie in durchaus richtiger Consequenz von ihrem eignen Verbrechen zermalmt.

Wird nun bei den andern sich hier anreihenden Charakteren auch nicht jenes große ethische Prinzip in seinen großen bestimmten Hauptzügen der ausschließliche Zweck des betreffenden Charakters, so werden doch Alle, durch verschiedene Verhältnisse bedingt, in gewissem Grade Theil an der Frage nehmen und jenes Prinzip berühren. Auch Clärchen unterscheidet sich von Gretchen wesentlich dadurch, daß sie sich von vornherein ihrer Lage viel mehr bewußt ist. Aber auch sie läßt freudig ihr ganzes Wesen rücksichtslos in ihrer Liebe aufgehn, zwar nicht in der rührenden Herzenseinfalt Gretchens, aber doch in natürlicher Entwickelung ihrer Weiblichkeit, indem sie mit einem Anflug selbstbewußten Heroismus wie ihre „bürgerliche Ehre" so auch ihr Leben für diese Liebe hingibt. Während bei ihr die Schuld eben nur die tragische Schuld des Weibes ist, finden wir in einer andern Gestalt, in Leonore von Este, grade die Schuld in dem schwächlichen Verleugnen ihrer innersten Natur, indem sie ihre berechtigte Liebe unter dem Zwange gesellschaftlicher Form erstickt und in den Fesseln der sie ganz bestimmenden äußern Verhältnisse zu Grunde gehn läßt.

Wie Leonore sich zu Thekla verhält, ist schon bei der Entwickelung letztern Charakters angedeutet worden. Thekla steht insofern entschieden über Leonore, als ihre Resignation nicht aus dem Motiv eines einseitigen Standes=Dünkels herleitet, sondern nur aus ihrem Glauben an das Bestehenkönnen einer idealen Liebe. In Thekla ergreift uns jene erhabene Rührung, in welcher das Schmerzliche des Schicksals durch den Eindruck der edeln erhabenen Natur der Leidenden gemildert wird. Wenn aber

Thekla bei ihrem starken Herzen und freien Geiste keinen conventionellen Zwang ihrer so ganz berechtigten Neigung gegenüber anerkennen wollte und muthig und rücksichtslos ihre Liebe vertheidigte, so folgerte sie das Recht und die Pflicht des Entsagens aus dem Wahn, daß sie im Besitze ihrer Liebe auf den Gegenstand derselben verzichten könne.

In Maria und Thusnelda sehn wir wiederum zwei starke Contraste gegenüber stehn. Beide haben das ureigenthümliche deutsche Wesen mit einander gemein; in Beiden ist Schlichtheit des Sinnes und Treuherzigkeit die hervorragende Eigenschaft. Aber die so ganz entgegengesetzte Entwickelung Beider ist zunächst durch die verschiedenartige Stärke der Natur, dann aber durch die Verschiedenheit der Culturstufe, die eine Jede einnimmt, ganz und gar bedingt. Dort sehn wir die Beiden gemeinsame Herzensgüte sanft und schüchtern sich äußern, hier naturwüchsig, stark und ungemildert durch das Bewußtsein eines ihre Handlungsweise regelnden höhern Gebotes. Beide wurzeln ganz ersichtlich auf gleichem, deutschen Boden, dort das Veilchen, hier die starke Eiche. Bei Jeder hat das reine und gegen keinen Angriff der Bosheit gewappnete Herz die Erfahrung getäuschter Liebe zu machen.

Hier aber liegt der Prüfstein ihres Werthes und daher der Wendepunkt für ihre weitere Entwickelung.

Maria, gemäß ihrer schon ursprünglich sanfteren und

durch Erziehung noch temperirten Natur, trägt allein und
still ergeben das über sie gekommene Leiden, verzeihend
und versöhnend; indessen Thusnelda durch den Angriff
gegen ihr eben so argloses Herz zur Wuth einer Rasen-
den aufgestachelt wird. Indem Thusnelda die ihr per-
sönlich angethane furchtbare Beleidigung rächt, empört
sich in ihr zugleich die zwar rohe aber auch unverfälschte
Natur gegen den über sie errungenen Sieg tückischer Civilisation; dieser tiefe Conflict muß wohl beachtet werden,
will man Thusnelda's That (die selbstverständlich dem
Dichter angehört und nicht der Geschichte) gerecht beurtheilen, mag der Akt grausamer Rache auch absolut zu
verdammen sein. Wie sehr bedeutungsvoll hier aber, po-
sitiv und negativ, das Moment echt christlicher Läuterung
ist, haben wir bei der besondern Betrachtung dieser beiden Gestalten schon gesehn; und es wird uns noch klarer, überzeugender sein, wenn wir Beide neben einander
erblicken, und in Maria die Liebe und Barmherzigkeit im
wahrhaftesten Sinne des Christenthums, d. h. mehr ethisch
als dogmatisch, bei Thusnelda aber die uncultivirte, un-
gebändigte heidnische Natur sich offenbaren sehn.

Nur wenig ist hier von den Schätzen zusammengethan,
welche der Dichter aus den Quellen des Lebens schöpfte;
nur ein kleiner Theil ist von den Geheimnissen enthüllt,
welche das Menschenherz umschließt, und deren Wogen

doch, von diesem Menschenherzen aus, an das Rad der Weltgeschichte unaufhörlich treiben.

Nur das Weib in den ureigensten, tiefsten Empfin= dungen, und deren Bestimmung durch das Leben, sollte hier in einigen auserwählten Vertreterinnen des Geschlechts zur klarern Erkenntniß gebracht werden. Wie viel ist von dieser Aufgabe noch ungelöst gelassen, und doch — in diesem Wenigen schon — welch ein Reichthum von Empfindungen, welch eine Welt voll Lust und Schmer= zen und welche Mannichfaltigkeit in den Beziehungen des weiblichen Herzens zum Leben, zu dessen natürlichen For= derungen und despotisch zwingenden Geboten!

Wie mannichfach und unerschöpflich aber auch diese Beziehungen und die daraus hervorgehenden Erfahrungen sein mögen — wenn wir auf die Geschicke der hier vor= geführten Gestalten blicken, erkennen wir aus Allen das Eine: Der Mensch ist nicht geboren, frei zu sein, am wenigsten aber ist es das Weib.

Ist es Emilia Galotti, die erst den Dolch im Herzen sich die Freiheit ihres Willens erringen kann?

Ist es die stolze Eboli, die da wähnt, allen sie fesseln= den Zwang zerstören zu können, und dabei doch nur sich selbst frevelnd vernichtet?

Ist es Clärchen, die magisch gefesselt an ihre Liebe ist, die sie dem Boden, der sie trägt, entfremdet?

Ist es Thekla, im Schmerze der Entsagenden, oder

ist es gar Leonore, die in den Fesseln der Sitte und des Standes gegen den Schlag des eignen Herzens sich vergehen muß?

Wohin wir blicken, überall sehn wir die ureigene Natur des Weibes im schmerzlichen Kampfe mit dem Leben. Freiheit und Gesetz, diese beiden Angeln, um welche sich die bürgerliche Gesellschaft dreht, sie haben für das Weib noch eine ungleich schwerere Bedeutung. Grade die im Menschen überhaupt vorhanden pragmatische Anlage der Civilisirung durch Cultur ist beim Weibe stärker vorhanden, als beim Manne, und doch kommt grade das Weib überall in stärkere Gegensätze mit den Rechten ihres Daseins und ihrer Natur zum Leben.

Wenn wir aber auf die Conflicte sehn, in welche der bessere Mensch mit der Welt geräth, so mögen wir uns zum Troste die Ueberzeugung zu bewahren suchen, daß — wie ein großer Philosoph uns lehrt — wir die Menschengattung nicht als böse, sondern als eine aus dem Bösen zum Guten im beständigen Fortschreiten unter Hindernissen emporstrebenden Gattung vernünftiger Wesen betrachten können.

Wie wir in Faust den Menschen in seinem tragischen und unlösbaren Conflicte mit der Welt erkennen, den Menschen, der so lange irrt, so lang er strebt, so haben wir auch Gretchen als das Weib in seiner eigentlichsten tragischen und doch versöhnlichen Bestimmung erkannt. Das Ewig=Weibliche, — sei es hier zum Schlusse wiederholt — es ist Liebe und Duldung, es ist jene Liebe, in welcher Schuld und Sühne ihre Vereinigung finden, jene Liebe, die auch den Mann hin= anzieht zu einem reinern Dasein, als er ohne diese erlösende Gewalt des Weibes zu erringen vermag.